EatSmarter!

LOW-CARB-REZEPTE FÜR DAS ABENDESSEN

Die 50 besten Gerichte

riva

Bibliografische Information der Deutschen Nationalbibliothek:
Die Deutsche Nationalbibliothek verzeichnet diese Publikation in der Deutschen Nationalbibliografie. Detaillierte bibliografische Daten sind im Internet über http://d-nb.de abrufbar.

Für Fragen und Anregungen:
info@rivaverlag.de

Originalausgabe
1. Auflage 2017

Nymphenburger Straße 86
D-80636 München
Tel.: 089 651285-0
Fax: 089 652096

Redaktion EatSmarter! (Text): Willy Loderhose, Katrin Koelle
Rezeptredaktion EatSmarter!: Katrin Koelle
Redaktion: Caroline Kazianka
Umschlaggestaltung: Isabella Dorsch
Umschlagabbildungen und Abbildungen im Innenteil: S. 28, 45, S. 95: © StockFood / Eising Studio – Food Photo & Video; S. 29: © StockFood / Schardt, Wolfgang; S. 64: © StockFood / Cimbal, Walter; S. 65, 85: © StockFood / Gräfe & Unzer Verlag / Bischof, Harry; S. 83: © StockFood / Kirchherr, Jo; S. 84: © StockFood / Rivarola, Cristina; S. 93: © StockFood / Arras, Klaus; S. 96: © StockFood / Castilho, Rua; alle anderen Bilder: eatsmarter.de/westermann-buroh.de
Satz: inpunkt[w]o, Haiger (www.inpunktwo.de)
Druck: Florjancic Tisk d.o.o., Slowenien
Printed in the EU

ISBN Print 978-3-7423-0364-6
ISBN E-Book (PDF) 978-3-95971-878-3
ISBN E-Book (EPUB, Mobi) 978-3-95971-879-0

INHALT

WAS SIND EIGENTLICH KOHLENHYDRATE?

Wer meint, Kohlenhydrate seien »schlecht«, liegt falsch: Kohlenhydrate sind der wichtigste Treibstoff für Gehirn, Muskulatur und für einen gut funktionierenden Stoffwechsel. Ohne Kohlenhydrate kann der Körper das Gehirn nicht ausreichend mit Blutzucker versorgen und außerdem Eiweiße und Fette nicht richtig verwerten.

Kohlenhydrate spielen sogar neben Fett die wichtigste Rolle für die Deckung des Energiebedarfs, obwohl sie im Vergleich weniger als die Hälfte an Kalorien liefern (1 g Kohlenhydrate = 4 kcal, 1 g Fett = 9 kcal). Aber Kohlenhydrat ist nicht gleich Kohlenhydrat. Zwar bestehen *alle* Kohlenhydrate aus Zuckermolekülen. Trotzdem ist es ein großer Unterschied, ob man zum Beispiel eine Portion Pasta oder eine Tafel Schokolade isst.

Denn je nach Anteil der Zuckerbausteine unterteilt man Kohlenhydrate in drei Gruppen:

- Einfachzucker (Monosaccharide): Traubenzucker (Glukose) und Fruchtzucker (Fructose) zählen z.B. zu dieser Gruppe.

- Zweifachzucker (Disaccharide): Hierzu gehören weißer, brauner und Rohzucker; außerdem Milch- und Malzzucker.

- Mehrfachzucker (Polysaccharide): Sie stecken vor allem in Getreide, Vollkornprodukten und Hülsenfrüchten.

Der wichtige Unterschied dabei: Einfach- und Zweifachzucker haben als sogenannte »leere Energieträger« zu Recht nicht den besten Ruf. Sie liefern kaum oder gar keine Ballaststoffe und auch nur sehr wenige Nährstoffe wie Vitamine, Eiweiß oder Mineralstoffe.

Bei Mehrfachzuckern ist das ganz anders: Diese Kohlenhydrate kommen immer im Team mit wertvollen Nähr- und Ballaststoffen. Das bedeutet: Isst man diese guten Kohlenhydrate, versorgt man den Körper optimal mit Vitaminen, Mineralstoffen und anderen Vitalstoffen.

Außerdem haben sie für die Figur einen ganz entscheidenden Vorteil: Diese guten Kohlenhydrate bzw. Mehrfachzucker muss der Körper erst wieder in Einfachzucker (Glukose) umwandeln, damit das Hormon Insulin sie problemlos in die Körperzellen transportieren kann. Das dauert relativ lange; der Blutzuckerspiegel steigt dabei ganz langsam an und sinkt ebenso langsam wieder ab. Man nennt diese Kohlenhydrate deshalb auch *komplexe Kohlenhydrate*.

Der Effekt: Das Gehirn wird optimal versorgt, der Körper kann Proteine und Fette optimal nutzen. Außerdem bleibt man nach dem Essen lange satt, was Heißhungergefühle in Schach halten kann und dafür sorgt, dass man insgesamt weniger isst.

Die weniger guten Kohlenhydrate bzw. Einfach- und Zweifachzucker gehen dagegen fast sofort ins Blut. Der Körper muss dafür große Mengen Insulin ausschütten – der Blutzuckerspiegel steigt sehr schnell und steil nach oben und genauso schnell wieder ab. Ergebnis: Man bekommt sehr bald wieder Hunger, außerdem kann der Körper andere Nährstoffe nicht ausreichend verarbeiten.

MACHEN KOHLENHYDRATE WIRKLICH DICK?

Leider können aber selbst die guten, komplexen Kohlenhydrate langfristig für Übergewicht sorgen. Das liegt daran, dass der Körper sie speichert, um sie erst dann zu verbrennen, wenn er wirklich Energie benötigt. Nimmt man also sehr viel mehr Kohlenhydrate auf, als der Körper braucht, wandelt er die Überschüsse in Fettdepots um.

Das war natürlich sinnvoll in Zeiten, in denen die tägliche Ernährung nicht durchgängig sichergestellt war und viele Menschen noch körperlich arbeiteten: Im Notfall holte sich der Körper die benötigte Energie eben aus den angelegten Depots. Für heutige Verhältnisse sind diese Fettdepots jedoch oftmals viel zu groß für den tatsächlichen Energiebedarf. Die Folge: Sie werden nicht abgebaut, sondern immer weiter »gefüttert« – und das führt zu Übergewicht.

Es liegt also nahe, zum Abnehmen weniger Kohlenhydrate zu konsumieren. Viele bekannte, aber auch umstrittene Diäten basieren auf dem Prinzip der Kohlenhydratreduzierung.

Der amerikanische Arzt Robert Atkins zum Beispiel entwickelte in den 1970er-Jahren eine extrem kohlenhydratreduzierte Diät. Kalorienzählen war nicht nötig, das Essen großer, manchmal sehr großer Mengen an Fleisch und Geflügel ersetzte Nudeln, Reis und andere Beilagen. Tatsächlich führte das zu Erfolgen, die die »Atkins-Diät« schnell weltbekannt machten. Mediziner kritisierten allerdings die mangelnde Ausgewogenheit und Einseitigkeit der Diät. Tatsächlich stellte sich relativ bald heraus, dass diese Form des fast völligen Verzichts auf Kohlenhydrate nicht nur schlank, sondern vor allem auch krank machen kann. Kein Wunder, wenn man weiß, welche wichtigen Aufgaben Kohlenhydrate im Körper spielen!

Gegen eine maßvolle Reduzierung der Kohlenhydrataufnahme spricht aber nichts. Im Gegenteil: Auch Mediziner halten sie mittlerweile für eine ebenso effektive wie gesunde Maßnahme zum Abnehmen. Vor allem ist dabei von Bedeutung, *wann* wir Kohlenhydrate aufnehmen: Mehrere Studien kamen zu dem Schluss, dass es speziell abends Sinn macht, eher kohlenhydratarm zu essen – während komplexe Kohlenhydrate tagsüber kaum ein Problem für Gewicht und Figur bedeuten. Mehr dazu lesen Sie ab Seite 8.

EINE VOLLWERTIGE ERNÄHRUNG FÜR DEN KÖRPER

Es geht also nicht darum, alle Kohlenhydrate wegzulassen – das wäre sogar schädlich. Ziel der Low-Carb-Ernährung ist es aber, die richtigen Kohlenhydrate zu bevorzugen und die Energiegewinnung des Körpers vermehrt auch durch Fettsäuren zu leisten. Es ist entscheidend, dass der Körper ausreichend mit Nährstoffen versorgt wird:

- Gesunde Fette wie z. B. die inzwischen viel zitierten Omega-3-Fettsäuren füllen den Magen ebenfalls, sättigen, schützen zudem das Herz und verhindern Entzündungen.

- Proteine, also Eiweiß, sind die essenziellen Baustoffe für die Entwicklung und Erhaltung von Muskeln und Immunsystem. Darüber hinaus unterstützen sie Fett verbrennende Enzyme, die beim Abnehmen helfen können.

- Mineralien und Vitamine erhalten uns am Leben und sind für sehr viele Stoffwechselprozesse im Körper notwendig.

LOW-CARB – DAS ABENDESSEN MACHT DEN UNTERSCHIED!

Basierend auf dem Wissen, dass der menschliche Körper gerade abends und nachts weniger Energie verbraucht, macht es wenig Sinn, zu diesem Zeitpunkt die Kohlenhydratspeicher des Körpers zu sehr aufzufüllen, denn sie würden direkt in Fettdepots umgewandelt werden. Nimmt man dagegen am Abend wenige Kohlenhydrate zu sich, baut der Körper Teile dessen ab, was bereits vorher in den Speichern eingelagert war – Sie nehmen also gleichsam im Schlaf ab.

Low-Carb zum Abendessen ist, wie alle sinnvollen Möglichkeiten der Gewichtsreduzierung, keine einseitige Mangeldiät, sondern eine langfristige Ernährungsumstellung. Dabei müssen Sie auf nichts ganz verzichten. Morgens Brot oder Brötchen, mittags Pasta oder Kartoffeln? Kein Problem, denn die daraus gewonnene Energie kann der Körper tagsüber verbrennen, wenn wir aktiv sind. Abends allerdings können Brot, Reis und Nudeln »ansetzen«.

Aus diesem Grund macht es sehr viel Sinn, gerade beim Abendessen umzudenken. Mit Low-Carb-Leckereien wie »Italienisches Jägerschnitzel mit Pilzen und getrockneten Tomaten« (siehe Seite 60) oder »Okraschoten-Curry mit frischer Kokosnuss« (siehe Seite 46) macht es sogar richtig Spaß, Kohlenhydrate zu sparen!

Die Low-Carb-Abendessen in diesem Buch sind außerdem insgesamt gesünder als das gewohnte Käse- oder Wurstbrot, weil sie reichlich Eiweiß und Mineralstoffe sowie Vitamine bieten. Zudem liefern sie wenig Fett, aber dafür umso mehr günstige Fettsäuren. Und schnell geht´s auch noch: In diesem Buch finden Sie Low-Carb-Abendessen, die in wenigen Minuten bis maximal 30 oder 45 Minuten auf dem Tisch stehen.

Low-Carb – hier können Sie auch abends zugreifen:

- Milch und Milchprodukte (ohne Zucker oder weitere Zusätze)
- Käse
- Fisch
- Krustentiere
- Fleisch
- Geflügel
- Wurst
- Tofu
- Soja-Milchalternativen
- pflanzliche Fette (Öl, Margarine, Kokosfett)
- tierische Fette (Butter, Schmalz)
- Gemüse (außer Hülsenfrüchte)
- Kräuter
- Sprossen
- Pilze
- Oliven
- Avocados
- Nüsse und Samen
- Blattsalate

Low-Carb-Snacks für den kleinen Hunger:

- Nüsse und Nussmischungen (Walnüsse, Macadamias, Sonnenblumenkerne)
- Gemüsesticks (Paprika, Sellerie, Gurke, Radieschen)
- Käsewürfel
- Naturjoghurt oder Quark mit frischem Obst
- Proteinshakes
- hart gekochte Eier

High-Carb – auf diese Lebensmittel sollten Sie abends besser verzichten:

- Brot (besonders Weißbrot)
- Zwieback
- Reis (besonders geschälter, weißer Reis)
- Nudeln (besonders aus Weißmehl)
- Müsli (besonders Fertigmüsli mit Zucker und Trockenfrüchten)
- Haferflocken
- Quinoa
- Amaranth
- Hülsenfrüchte (Bohnen, Linsen, Erbsen)
- Früchte (außer Beeren, Limetten, Zitronen)
- Pizza, Flammkuchen u.Ä.
- Schokolade (vor allem Vollmilch)
- Süßigkeiten aller Art
- Fertigdesserts
- Kuchen
- Kekse
- Torten
- Muffins
- Eiscreme
- getrocknetes Obst wie z. B. Apfelringe, Rosinen oder Cranberrys

INFORMATIONEN ZU DEN NÄHRWERTEN

Die EatSmarter!-Bewertung informiert Sie auf die Schnelle, was das gewählte Rezept Ihrem Körper zu bieten hat. Dafür haben Ernährungsexperten jeweils alle wichtigen Inhaltsstoffe unter die Lupe genommen, die Vor- und Nachteile gegeneinander abgewogen und das komplette Gericht sorgfältig bewertet.

KALORIEN/ENERGIE

Kalorienangaben finden Sie überall. Aber EatSmarter! bewertet auch die Menge an wichtigen Nährstoffen, also die Qualität eines Gerichts. Anhand der Bewertung erkennen Sie, wie viel Gutes im gewählten Gericht zu finden ist; man spricht dabei von der Nährstoffdichte.

FETTE UND GESÄTTIGTE FETTSÄUREN

Beim Fett kommt es auf das ausgewogene Verhältnis seiner Bestandteile, der Fettsäuren, an. Weil die meisten von uns zu viele gesättigte Fettsäuren konsumieren, sind diese hier extra ausgewiesen.

EIWEISS/PROTEIN

Eiweiß (Protein) gehört zu den Grundbausteinen menschlicher Zellen. Eiweiße steuern unzählige wichtige Prozesse im Körper, darunter den Stoffwechsel. In fast allen Nahrungsmitteln kommen Eiweiße vor – sowohl in pflanzlichen wie in tierischen. Die bekanntesten Proteinlieferanten sind Eier, Fleisch, Fisch und Milchprodukte sowie Hülsenfrüchte und Kartoffeln.

KOHLENHYDRATE

Kohlenhydrate bilden – neben Eiweißen und Fetten – den größten Bestandteil unserer Ernährung. Kohlenhydrate bestehen hauptsächlich aus Zuckermolekülen und sind wichtige Energielieferanten für unseren Körper, beispielsweise für die Gehirn- und Muskelfunktionen.

ZUCKER

Natürlich süße Früchte, Säfte und andere Naturprodukte spielen bei der Bewertung keine Rolle. Hier geht es nur um den haushaltsüblichen Zucker aus der Tüte und zuckerhaltige Süßungsmittel, die beim Zubereiten hinzugefügt werden.

BALLASTSTOFFE

Ballaststoffe spielen eine wichtige Rolle bei der Sättigung und helfen, den Verdauungstrakt gesund zu halten. Deshalb gilt: je mehr Ballaststoffe, desto besser.

IN MAXIMAL 20 MINUTEN AUF DEM TISCH

SCHAUMOMELETT MIT BLATTSPINAT UND SPROSSEN

KOHLENHYDRATE 6 g pro Portion

Pro Portion: Kilokalorien: 310; Fett: 21 g; gesättigte Fettsäuren: 4,7 g; Protein: 22 g; Zucker: 0 g; Ballaststoffe: 10 g

15 MIN.

Zutaten für 2 Portionen

1 Fenchelknolle (ca. 250 g)
1 ½ EL Keimöl
Salz
150 g Blattspinat (tiefgekühlt)
4 Eier
1 Möhre (ca. 100 g)
Pfeffer
40 g Sprossen (z.B. Radieschensprossen)

1. Fenchel waschen, putzen, halbieren und in schmale Spalten schneiden.
2. ½ EL Öl in einem Topf erhitzen. Fenchel hineingeben, leicht salzen und zugedeckt bei kleiner Hitze etwa 2 Minuten dünsten.
3. Blattspinat zum Fenchel geben und zugedeckt bei kleiner Hitze etwa 5 Minuten dünsten.
4. Inzwischen die Eier und etwas Salz in eine Rührschüssel geben und mit den Quirlen des Handmixers schaumig aufschlagen.
5. Restliches Öl in einer beschichteten Pfanne (26 cm Ø) erhitzen, Eiermasse hineingeben und zugedeckt bei kleiner Hitze etwa 7 Minuten stocken lassen.
6. Während die Eier stocken, die Möhre putzen, schälen, auf dem Gemüsehobel in feine Streifen schneiden und zum Spinatgemüse in den Topf geben. Mit Salz und Pfeffer würzen und etwa 3 Minuten weiterdünsten.
7. Sprossen in ein Sieb geben, mit heißem Wasser abspülen und abtropfen lassen.
8. Omelett auf eine Platte gleiten lassen, Spinatgemüse und Sprossen darauf anrichten. In 2 Hälften teilen und sofort servieren.

WARUM GESUND

Der Klassiker aus der französischen Küche hat es nicht nur auf, sondern vor allem in sich: Das luftige Omelett strotzt nur so vor Vitaminen, Mineralstoffen und Spurenelementen. Besonders reichlich steckt Vitamin E darin, das die Zellen vor freien Radikalen schützt.

NOCH SMARTER

Hübsch und praktisch: Backen Sie zwei kleine statt eines großen Omeletts und geben jeweils die Hälfte der Gemüsemischung darauf.

SAUERKRAUT-FILET-TOPF MIT PILZEN UND CORNICHONS

KOHLENHYDRATE 3 g pro Portion

Pro Portion: Kilokalorien: 247; Fett: 16 g; gesättigte Fettsäuren: 3,8 g; Protein: 21 g; Zucker: 0 g; Ballaststoffe: 7,5 g

15 MIN.

Zutaten für 2 Portionen

1 Schalotte
100 g Champignons
2 EL Öl
150 g Rinderfilet
Salz
Pfeffer
½ TL Paprikapulver (edelsüß)
375 g Sauerkraut (3 Minuten Garzeit, Dose, Abtropfgewicht)
250 ml Rinderbrühe
3 Cornichons (Glas)
2 EL saure Sahne

1. Schalotte schälen und fein würfeln. Champignons mit einem feuchten Küchenpapier abreiben, putzen und in Scheiben schneiden.
2. Öl in einem Topf erhitzen, Pilze und Schalotte darin unter gelegentlichem Rühren 3 Minuten bei mittlerer Hitze anbraten.
3. Inzwischen das Filet trocken tupfen; je nach Dicke längs halbieren und in dünne Scheiben schneiden.
4. Fleisch zur Pilz-Zwiebel-Mischung geben und 1 Minute unter Rühren mitbraten. Mit Salz, Pfeffer und Paprikapulver würzen.
5. Sauerkraut und Brühe in den Topf geben, aufkochen lassen. Topf von der Kochstelle nehmen und alles zugedeckt 3 Minuten ziehen lassen.
6. Cornichons abtropfen lassen, schräg in dünne Scheiben schneiden und unter das Sauerkraut mischen.
7. Sauerkraut-Filet-Topf mit Salz und Pfeffer abschmecken, auf Tellern anrichten. Saure Sahne glatt rühren, jeweils 1 EL auf das Kraut geben und etwas Paprikapulver daraufstreuen.

WARUM GESUND

Sauerkraut gilt als sehr guter Lieferant für Ballaststoffe; so enthält eine Portion dieses leichten Herbstessens bereits ein Viertel unseres Tagesbedarfs. Die Ballaststoffe sättigen prima und sind für die Verdauung optimal, da sie die regelmäßige Darmbewegung unterstützen. Reichlich Zink im Essen pusht zudem unsere Immunabwehr.

GRÜNER SPARGEL MIT HÄHNCHENBRUST UND PIKANTEM RÜHREI

KOHLENHYDRATE 8 g pro Portion

Pro Portion: Kilokalorien: 365; Fett: 20 g; gesättigte Fettsäuren: 4,9 g; Protein: 37 g; Zucker: 2 g; Ballaststoffe: 3,5 g

15 MIN.

Zutaten für 2 Portionen

500 g grüner Spargel
1 EL Olivenöl
Salz
1 Prise Zucker
4 Eier
2 EL Ajvar
120 g geräucherter Hähnchenbrust-Aufschnitt
Pfeffer

1. Spargel waschen und abtropfen lassen. Das untere Drittel der Stangen schälen und die Enden abschneiden.
2. Olivenöl in einer großen beschichteten Pfanne erhitzen. Spargelstangen darin etwa 10 Minuten bei mittlerer Hitze unter gelegentlichem Wenden braten. Mit Salz, Pfeffer und Zucker würzen.
3. Inzwischen die Eier in einer kleinen Schüssel mit Ajvar und etwas Salz verquirlen.
4. Eine kleine beschichtete Pfanne erhitzen, die Eiermasse hineingeben und bei kleiner Hitze 3–5 Minuten stocken lassen, dabei ab und zu mit einem Pfannenwender von außen nach innen zusammenschieben.
5. Hähnchenbrust-Aufschnitt in etwa 1 cm breite Streifen schneiden. Spargel mit Rührei und Hähnchenbruststreifen auf Tellern anrichten und servieren.

NOCH SMARTER

Lust auf Variationen? Statt des geräucherten Hähnchenbrust-Aufschnitts passt auch Bündner Fleisch, Rindersaftschinken oder Putenbrustaufschnitt.

WARUM GESUND

Nichts gegen den klassischen Schinken – aber Hähnchenbrust ist entschieden fettärmer und schmeckt ebenfalls vorzüglich zum »schlanken« Spargel. Das würzige Rührei liefert reichlich Eiweiß und Biotin (für schöne Haut und Nägel) und macht lange satt.

RÄUCHERLACHS-KÄSE-CREME MIT DILL UND MEERRETTICH

KOHLENHYDRATE 0 g pro Portion

Pro Portion: Kilokalorien: 62; Fett: 4 g; gesättigte Fettsäuren: 1,9 g; Protein: 6 g; Zucker: 0 g; Ballaststoffe: 0 g

15 MIN.

Zutaten für 5 Portionen

½ Bund Dill
100 g Räucherlachs
100 g Frischkäse (13 % Fett)
1 TL geriebener Meerrettich (Glas)

1. Dill waschen, trocken schütteln, Fähnchen abzupfen und einige davon beiseitelegen. Restlichen Dill fein hacken.
2. Den Räucherlachs mit einem großen Messer sehr fein hacken.
3. Gehackten Dill, Lachs, Frischkäse und Meerrettich in einer kleinen Schüssel gründlich verrühren. Mit restlichem Dill garnieren und servieren.

NOCH SMARTER

Geräucherte Makrele oder Forelle (statt Lachs) machen sich ebenfalls hervorragend in dem Aufstrich. Speziell die mineralstoffreiche Makrele enthält viele herzschützende Omega-3-Fettsäuren.

WARUM GESUND

Das im Lachs reichlich vorhandene Vitamin D bringt das Immunsystem auf Trab (früher verabreichten Mütter ihren Kindern daher Lebertran). Das feine, rosa-orangefarbene Fischfleisch enthält darüber hinaus viele Omega-3-Fettsäuren, die sich günstig auf die Blutgerinnung auswirken.

MÖHREN-SCHNITTLAUCH-QUARK MIT SCHMAND

KOHLENHYDRATE 4 g pro Portion

Pro Portion: Kilokalorien: 63; Fett: 3 g; gesättigte Fettsäuren: 1,5 g; Protein: 5 g; Zucker: 0 g; Ballaststoffe: 1,5 g

15 MIN.

Zutaten für 4 Portionen

½ Bund Schnittlauch
150 g Magerquark
2 EL Schmand
½ kleine Zitrone
Salz
Pfeffer
200 g Möhren

1. Schnittlauch waschen, trocken schütteln, in Röllchen schneiden und in eine Schüssel geben.
2. Quark und Schmand zufügen und alles glatt rühren.
3. Die Zitrone auspressen und die Quarkcreme mit 1–2 TL Zitronensaft, Salz und Pfeffer abschmecken.
4. Möhren waschen, putzen, schälen und mit einer Kastenreibe fein raspeln. Unter die Quarkcreme rühren, diese nochmals mit Salz und Pfeffer abschmecken und servieren.

WARUM GESUND

Der Brotaufstrich sammelt geradezu grüne Sternchen! Wenig Fett, hochwertiges Eiweiß und viele sättigende Ballaststoffe vereinen sich hier mit knochenstärkendem Kalzium aus Milchprodukten und sehkraftschützendem Vitamin A aus Karotten.

NOCH SMARTER

Noch bunter – und gesünder – gerät der Gemüsequark, wenn Sie einen Teil der Möhren durch Sellerie und/oder Rote Bete ersetzen.

BOHNEN-PAPRIKA-CHILI MIT FRISCHEM KORIANDER

KOHLENHYDRATE 21 g pro Portion

Pro Portion: Kilokalorien: 228; Fett: 11 g; gesättigte Fettsäuren: 1,6 g; Protein: 9 g; Zucker: 2 g; Ballaststoffe: 12 g

15 MIN.

Zutaten für 2 Portionen

3 Stangen Staudensellerie (ca. 150 g)

1 gelbe Paprikaschote (ca. 200 g)

2 EL Olivenöl

Salz

250 g weiße Riesenbohnen (Dose; Abtropfgewicht)

400 g Pizzatomaten (Dose)

½ TL Paprikapulver (rosenscharf)

½ TL Chilipulver

1 Bund Koriander (ca. 40 g)

1 Prise Zucker

1. Staudensellerie waschen, putzen und gegebenenfalls entfädeln. In etwa 5 mm dicke Scheiben schneiden.
2. Paprikaschote halbieren, entkernen, waschen und in etwa 1 cm große Würfel schneiden.
3. Olivenöl in einem Topf erhitzen. Sellerie- und Paprikastücke darin andünsten. 50 ml Wasser dazugeben, salzen und das Gemüse zugedeckt bei kleiner Hitze 5 Minuten dünsten.
4. Inzwischen die Riesenbohnen in ein Sieb geben, abspülen und abtropfen lassen.
5. Pizzatomaten und Bohnen zum Sellerie in den Topf geben. Paprika- und Chilipulver unterrühren und alles aufkochen lassen. Bei kleiner Hitze offen etwa 5 Minuten köcheln lassen.
6. Inzwischen den Koriander waschen, trocken schütteln und die Blätter abzupfen; einige davon beiseitelegen, den Rest hacken.
7. Gemüse mit Salz und Zucker abschmecken. Den gehackten Koriander unterheben. Das Chili anrichten und mit den restlichen Korianderblättern garnieren.

NOCH SMARTER

Geben Sie einen Klecks saure Sahne auf jeden Teller: Das darin enthaltene Eiweiß ergänzt die Proteine aus den Hülsenfrüchten ideal und verhilft so zu einer Eiweißportion, die mit einem kleinen Steak durchaus mithalten kann.

WARUM GESUND

Das figurfreundliche Chili steht in nur einer Viertelstunde auf dem Tisch. Die weißen Bohnen bringen viel pflanzliches Eiweiß ins Spiel, das der Körper unter anderem für den Aufbau von Muskeln, Zellen und Hormonen benötigt. Zusammen mit diesen Proteinen sorgen reichlich Ballaststoffe dafür, dass das Sättigungsgefühl lange anhält.

GEGRILLTER LACHS AUF SALAT MIT SENF-HONIG-DRESSING

KOHLENHYDRATE 5 g pro Portion

Pro Portion: Kilokalorien: 318; Fett: 16 g; gesättigte Fettsäuren: 3,1 g; Protein: 36 g; Zucker: 0 g; Ballaststoffe: 1,5 g

20 MIN.

Zutaten für 2 Portionen

100 g gemischter Blattsalat (z. B. Frisée, Eichblatt, Radicchio)
100 g Kirschtomaten
4 Radieschen
2 Lachsfilets (à ca. 150 g, mit Haut)
Salz
Pfeffer
2 EL Rotweinessig
1 TL körniger Senf
1 TL Honig
2 EL Olivenöl

1. Den Salat putzen, waschen, trocken schleudern und in mundgerechte Stücke zupfen.
2. Kirschtomaten waschen und vierteln. Radieschen putzen, waschen und in dünne Scheiben schneiden.
3. Lachsfilets waschen, mit Küchenpapier trocken tupfen und mit Salz und Pfeffer würzen.
4. Eine Grillpfanne erhitzen und die Lachsfilets darin auf der Hautseite 5–6 Minuten bei mittlerer Hitze braten.
5. Inzwischen den Essig in einer großen Schüssel mit 2 EL Wasser, Senf, Honig und Öl zu einem Dressing verquirlen. Mit Salz und Pfeffer würzen.
6. Lachsfilets wenden und auf der Fleischseite in 1–2 Minuten fertig braten.
7. Tomaten, Radieschen und Blattsalate in der Schüssel mit dem Dressing mischen und mit den Lachsfilets auf Tellern anrichten.

WARUM GESUND

Lachs liebt (fast) jeder – und das ist gut so, denn der ehemals so teure Edelfisch liefert neben reichlich Eiweiß auch die für Herz und Gefäße nützlichen ungesättigten Fettsäuren sowie diverse Vitamine: Eine Portion deckt locker den Tagesbedarf an Vitamin B6 und B12.

NOCH SMARTER

Die krosse Haut des Lachsfilets schmeckt einfach klasse und hält den Fisch saftig. Wer sehr auf Kalorien achtet, kann sie nach dem Grillen entfernen – das spart Fett.

GEFÜLLTE PUTENSCHNITZEL AUF JUNGEM BLATTSPINAT

KOHLENHYDRATE 4 g pro Portion

Pro Portion: Kilokalorien: 230; Fett: 13 g; gesättigte Fettsäuren: 2,4 g; Protein: 44 g; Zucker: 4 g; Ballaststoffe: 6 g

20 MIN.

Zutaten für 2 Portionen

6 dünne Putenschnitzel (à ca. 50 g)
3 Scheiben Parmaschinken (à ca. 15 g)
1 Stiel Salbei
Salz
Pfeffer
400 g junger Blattspinat
1 Zwiebel
2 EL Olivenöl
3 TL Balsamico-Creme

1. Putenschnitzel zwischen 2 Bögen Klarsichtfolie legen und flach klopfen.
2. Schinkenscheiben quer halbieren. Salbei waschen, trocken tupfen und 6 Blätter abzupfen. Jedes Schnitzel mit 1 Stück Schinken und 1 Salbeiblatt belegen.
3. Schnitzel zusammenklappen, mit Zahnstochern zustecken. Mit Salz und Pfeffer würzen.
4. Blattspinat waschen und in einem Sieb abtropfen lassen. Zwiebel schälen und fein würfeln.
5. Eine Grillpfanne erhitzen und die gefüllten Schnitzel darin 3–4 Minuten auf jeder Seite braten.
6. Inzwischen das Olivenöl in einem Topf erhitzen und die Zwiebelwürfel darin andünsten. Den Spinat zugeben, unter Rühren zusammenfallen lassen und mit Salz und Pfeffer würzen.
7. Die gefüllten Putenschnitzel mit Balsamico-Creme beträufeln und auf dem Spinat anrichten.

WARUM GESUND

Schneller kann man kaum richtig gut essen – und ganz nebenbei bekommt man dabei noch eine dicke Portion wichtiger Nährstoffe. Allen voran steht hier an der Spitze Eiweiß, dicht gefolgt von einem besonders hohen Gehalt an Eisen, B-Vitaminen und Vitamin A.

NOCH SMARTER

Für die Grillsaison eignen sich die würzigen Schnitzel auch gut: Sie können problemlos auf dem Holzkohlegrill zubereitet werden.

LACHS-GURKEN-SALAT MIT JOGHURT-SENF-SAUCE

KOHLENHYDR. 4 g pro Portion

Pro Portion: Kilokalorien: 266; Fett: 20 g; gesättigte Fettsäuren: 4,4 g; Protein: 17 g; Zucker: 0 g; Ballaststoffe: 1 g

20 MIN.

Zutaten für 2 Portionen

- 2 Eier
- ½ Salatgurke (ca. 250 g)
- 6 Radieschen
- ½ Bund Dill
- 2 EL heller Balsamessig
- 2 EL Olivenöl
- 2 EL Joghurt (1,5 % Fett; ca. 30 g)
- 1 TL Senf
- Salz
- Pfeffer
- 4 Scheiben Räucherlachs (à 20 g)

1. Eier anpiksen und in einem Topf mit kochendem Wasser in etwa 7 Minuten wachsweich kochen. Kalt abspülen, pellen und abkühlen lassen.
2. Währenddessen Gurke und Radieschen putzen, waschen, trocken reiben und mit einem Gemüsehobel in dünne Scheiben hobeln.
3. Dill waschen, trocken schütteln, die Fähnchen abzupfen und fein hacken.
4. Essig, Öl, Joghurt, Senf, Salz, Pfeffer und Dill in einer Schüssel zu einer Sauce verrühren.
5. Eier in Scheiben schneiden. Mit Radieschen, Gurke und je 2 Scheiben Lachs auf Tellern anrichten. Mit der Sauce beträufeln und servieren.

WARUM GESUND

Wer abends gern eiweißbetont, kohlenhydratarm und kalorienbewusst schlemmt, hat hier sein perfektes und überdies ausgesprochen knochengesundes Mahl gefunden. Eier und Lachs steuern nämlich eine opulente Portion Vitamin D bei und schaffen damit die Grundvoraussetzung für stabile Knochen.

ASIA-RÜHREI MIT SOJASPROSSEN

KOHLENHYDRATE 7 g pro Portion

Pro Portion: Kilokalorien: 200; Fett: 12 g; gesättigte Fettsäuren: 4,2 g; Protein: 15 g; Zucker: 0 g; Ballaststoffe: 2 g

20 MIN.

Zutaten für 2 Portionen

1 Stück Ingwer (ca. 20 g)
½ Bund Frühlingszwiebeln
½ rote Chilischote
½ Stange Zitronengras
3 Eier
3 EL Kokosmilch (9 % Fett)
Salz
100 g Sprossen (z. B. Sojasprossen)
½ Limette

1. Ingwer schälen und fein hacken.
2. Frühlingszwiebeln putzen, waschen und in feine Ringe schneiden.
3. Chilischote längs halbieren, entkernen, waschen und fein hacken.
4. Falls vorhanden, die harten äußeren Blätter vom Zitronengras entfernen und den Wurzelansatz abschneiden. Die unteren 5 cm der Stange fein hacken.
5. Eier und Kokosmilch in einer Schüssel verquirlen. Mit Salz würzen. Ingwer, Frühlingszwiebeln, Chili und Zitronengras unterrühren.
6. Eimasse in eine beschichtete Pfanne gießen und bei kleiner Hitze fest werden lassen (stocken), dabei mit einem Pfannenwender mehrfach vom Pfannenrand zur Mitte durch die Eimasse ziehen.
7. Sprossen in ein Sieb geben, abspülen und gut abtropfen lassen.
8. Limettenhälfte heiß abspülen und in Spalten oder Stücke schneiden.
9. Rührei mit Sprossen und Limettenspalten anrichten.

WARUM GESUND

Die proteinreiche Mahlzeit macht sich perfekt als leichtes Abendessen oder zum Brunch. Neben dem halben Tagesbedarf an Vitamin D enthält eine Portion 40 Prozent Pantothensäure. Besonders Diabetiker und Dialysepatienten sollten die Versorgung mit dieser zu den B-Vitaminen zählenden Substanz im Blick behalten – wie auch alle, die regelmäßig Alkohol trinken.

TOFU MIT BROKKOLI AUS DEM WOK

KOHLENHYDR 17 g pro Portion

Pro Portion: Kilokalorien: 307; Fett: 18 g; gesättigte Fettsäuren: 3,5 g; Protein: 19 g; Zucker: 0 g; Ballaststoffe: 9,8 g

20 MIN.

Zutaten für 4 Portionen

250 g Tofu
2 rote Paprikaschoten (à ca. 200 g)
400 g Brokkoli
100 g Sprossen
1 Zwiebel
1 Knoblauchzehe
3 EL Erdnussöl
50 g Cashewkerne
helle Sojasauce
Meersalz
weißer Pfeffer

1. Tofu in ca. 2 cm große Würfel schneiden. Paprikaschoten waschen, putzen und in Streifen schneiden. Brokkoli putzen, waschen und in Röschen teilen.
2. Sprossen heiß abwaschen und in einem Sieb gut abtropfen lassen. Zwiebel und Knoblauch schälen, fein würfeln.
3. Öl in einem Wok erhitzen. Tofu und Zwiebel darin bei mittlerer Hitze 1–2 Minuten anbraten. Brokkoli, Sprossen und Paprikastreifen untermengen und unter gelegentlichem Rühren 2–3 Minuten braten.
4. Knoblauch und Cashewkerne zufügen und alles zusammen unter Rühren in 2–3 Minuten fertig braten. Mit Sojasauce, Meersalz und Pfeffer abschmecken.

PUTENSTREIFEN MIT BROKKOLI-ZITRONEN-SAUCE

KOHLENHYDRATE 5 g pro Portion

Pro Portion: Kilokalorien: 250; Fett: 7 g; gesättigte Fettsäuren: 1,3 g; Protein: 42 g; Zucker: 0 g; Ballaststoffe: 4,1 g

20 MIN.

Zutaten für 4 Portionen

600 g Putenbrust
800 g Brokkoli
Salz
1 Bio-Zitrone
2 Knoblauchzehen
3 Stiele Petersilie
2 EL Sesamöl
Pfeffer

1. Putenbrust unter kaltem Wasser abspülen, trocken tupfen und in Streifen schneiden.
2. Brokkoli waschen, putzen, in Röschen zerteilen und in einem Topf mit kochendem, leicht gesalzenem Wasser etwa 5 Minuten garen.
3. Die Zitrone heiß abspülen, trocken tupfen, die Schale in Zesten abziehen, den Saft auspressen. Knoblauch schälen und sehr fein hacken.
4. Petersilie waschen, trocken schütteln und fein hacken.
5. Das Öl in einer Pfanne erhitzen und die Putenstreifen darin in 2–3 Minuten goldbraun braten. Mit Salz und Pfeffer würzen. Mit dem Zitronensaft und nach Bedarf etwas Wasser ablöschen und Brokkoli, Zitronenzesten und Knoblauch dazugeben. Kurz ziehen lassen, die Petersilie zufügen und abschmecken.

TOMATEN-KOKOS-SUPPE MIT MARINIERTEN GARNELEN

KOHLENHYDR 10 g pro Portion

Pro Portion: Kilokalorien: 132; Fett: 5 g; gesättigte Fettsäuren: 3,8 g; Protein: 10 g; Zucker: 0 g; Ballaststoffe: 2 g

10 MIN.

Zutaten für 2 Portionen

1 kleine Orange (ca. 125 g)
75 g kleine Tiefseegarnelen (küchenfertig)
1 Msp. Cayennepfeffer
400 g stückige Tomaten (Dose oder Tetrapak)
100 ml Kokosmilch (9 % Fett)
100 ml Gemüsebrühe
1 Frühlingszwiebel
Salz

1. Orange halbieren und auspressen. Orangensaft mit Garnelen und Cayennepfeffer verrühren.
2. Stückige Tomaten mit Kokosmilch und Brühe in einen Topf geben und verrühren. Aufkochen und 5 Minuten bei kleiner Hitze kochen lassen.
3. Inzwischen die Frühlingszwiebel putzen, waschen und schräg in sehr dünne Ringe schneiden.
4. Garnelen mit dem Orangensaft in die Suppe geben und darin erhitzen. Suppe mit Salz und nach Belieben noch etwas Cayennepfeffer abschmecken.
5. Tomaten-Kokos-Suppe in tiefe Teller oder Suppenschalen füllen. Mit den Frühlingszwiebeln bestreuen.

WARUM GESUND

Tomatenprodukte enthalten eine zellschützende Wunderwaffe: Lycopin. Diese pflanzliche Vitamin-A-Vorstufe ist in der Lage, schädliche Sauerstoffverbindungen (freie Radikale) zu entschärfen. Freie Radikale entstehen beispielsweise vermehrt durch Rauchen, Sonnenlicht oder Umweltgifte. Das Vitamin C aus der Orange unterstützt den Zellschutz zusätzlich.

IN MAXIMAL 30 MINUTEN AUF DEM TISCH

SESAM-HÄHNCHEN MIT AVOCADO-BIRNEN-SALAT

KOHLENHYDR. 12 g pro Portion

Pro Portion: Kilokalorien: 480; Fett: 31 g; gesättigte Fettsäuren: 4,2 g; Protein: 37 g; Zucker: 2 g; Ballaststoffe: 5,5 g

25 MIN.

Zutaten für 2 Portionen

1 EL Pinienkerne (ca. 10 g)
1 kleine Avocado (ca. 150 g)
1 kleine Birne (ca. 125 g)
½ Limette
4 TL Öl
Salz
Pfeffer
Zucker
1 Ei
2 Hähnchenbrustfilets (ca. 250 g)
2 EL Sesam

1. Pinienkerne in einer Pfanne ohne Fett goldbraun rösten.
2. Avocado halbieren, den Stein entfernen, die Avocadohälften schälen und das Fruchtfleisch in schmale Spalten schneiden.
3. Birne waschen, trocken reiben, halbieren, das Kerngehäuse entfernen, Fruchtfleisch ebenfalls in Spalten schneiden.
4. Limettenhälfte auspressen. Avocado- und Birnenspalten in eine Schüssel geben, mit Limettensaft und 2 TL Öl beträufeln, mit Salz, Pfeffer und 1 Prise Zucker würzen und vorsichtig mischen.
5. Pinienkerne darübersteuen.
6. Ei trennen. Hähnchenfilets abspülen und trocken tupfen, salzen, pfeffern, mit Eiweiß bestreichen und in Sesam wenden. (Eigelb anderweitig verwenden.)
7. Restliches Öl in einer beschichteten Pfanne erhitzen. Hähnchen darin bei mittlerer bis starker Hitze von jeder Seite ca. 5 Minuten braten und mit dem Salat servieren.

NOCH SMARTER

Benutzen Sie zum Braten am besten Rapsöl. Das vielseitig verwendbare Öl weist eine optimale Fettsäurenzusammensetzung auf.

WARUM GESUND

Geflügelfleisch ist ein hervorragender Eiweißlieferant. Als Brustfilet ist es zudem besonders arm an gesättigten Fettsäuren, die die Blutfettwerte negativ beeinflussen können. Pinienkerne und Sesam steuern wertvolle pflanzliche Fettsäuren wie Ölsäure und Linolsäure bei, die sich günstig bei Fettstoffwechselstörungen auswirken.

GEDÜNSTETES FISCHFILET AUF GEMÜSEBETT

KOHLENHYDRATE 5 g pro Portion

Pro Portion: Kilokalorien: 100; Fett: 2 g; gesättigte Fettsäuren: 1,5 g; Protein: 13 g; Zucker: 0 g; Ballaststoffe: 6 g

25 MIN.

Zutaten für 1 Portion

1 Schalotte
1 kleine Fenchelknolle (ca. 100 g)
1 kleine Möhre (ca. 60 g)
3 EL Gemüsebrühe
Salz
Pfeffer
70 g Bio-Pangasiusfilet
2 Stiele glatte Petersilie
½ kleine Limette

1. Schalotte schälen und fein würfeln.
2. Fenchel und Möhre putzen und waschen, die Möhre dünn schälen. Beide Gemüse in schmale Stifte schneiden.
3. Brühe in einer beschichteten Pfanne erhitzen. Schalotte, Fenchel und Möhre zugeben und etwa 3 Minuten dünsten. Nach Belieben mit Salz und Pfeffer würzen.
4. Fischfilet abspülen, trocken tupfen, leicht salzen und auf das Gemüse legen. Zugedeckt bei kleiner Hitze 8–10 Minuten dünsten.
5. Inzwischen Petersilie waschen, trocken schütteln, Blätter abzupfen und mit einem großen Messer fein hacken.
6. Die halbe Limette auspressen und den Saft nach Geschmack über den Fisch träufeln. Gemüse und Fisch nach Belieben pfeffern, mit der Petersilie bestreuen und servieren.

WARUM GESUND

Gut essen und dabei weniger Fett und Kalorien aufnehmen, als zum Beispiel ein Becher Joghurt enthält – wie das geht? Ganz einfach: mit magerem, eiweißreichem Fischfilet und knackigem Gemüse.

NOCH SMARTER

Fenchel ist gesund, aber nicht jedermanns Sache. Wenn Sie den intensiven anisartigen Geschmack nicht mögen, nehmen Sie statt des Knollengemüses einfach Zucchini und geben die Streifen erst nach der Hälfte der Garzeit zu den Möhren.

CARPACCIO VOM RINDERFILET MIT CHAMPIGNONS, RUCOLA UND PARMESAN

KOHLENHYDRATE **1 g** pro Portion

Pro Portion: Kilokalorien: 245; Fett: 15 g; gesättigte Fettsäuren: 4,9 g; Protein: 24 g; Zucker: 0 g; Ballaststoffe: 1 g

25 MIN.

Zutaten für 4 Portionen

3 EL Olivenöl
Meersalz
Pfeffer
400 g Rinderfilet aus der Mitte
100 g Champignons
½ Zitrone
30 g grüne Oliven ohne Stein
½ Bund Rucola (30–40 g)
35 g Parmesankäse

1. 4 Teller dünn mit Öl einpinseln, mit etwas Salz und Pfeffer bestreuen. Das Rinderfilet in 16 möglichst gleich dicke Scheiben schneiden (evtl. den Fleischer bitten, dies vorzubereiten). Die Scheiben einzeln zwischen 2 Lagen Frischhaltefolie oder einen aufgeschnittenen Gefrierbeutel legen und sehr flach klopfen (plattieren). Jeweils 4 Carpaccio-Scheiben auf den Tellern anrichten.
2. Champignons putzen, evtl. anhängenden Sand mit einem Pinsel oder Küchenpapier abreiben. Pilze in sehr dünne Scheiben hobeln bzw. schneiden. Zitrone auspressen. Champignons mit restlichem Öl, 1–2 EL Zitronensaft, Salz und Pfeffer mischen.
3. Oliven grob hacken. Rucola putzen, waschen und trocken schleudern. Oliven und Rucola unter die Champignons mischen.
4. Salat auf den Carpaccio-Scheiben anrichten. Parmesan über das Carpaccio hobeln. Mit etwas Salz und Pfeffer bestreut servieren.

WARUM GESUND

Das Eiweiß aus Rindfleisch kann der Körper besonders gut verwerten. Außerdem punktet das feine Rinderfilet mit reichlich Spurenelementen: Zink ist hier mit mehr als der Hälfte des Tagesbedarfs vertreten und bringt das Immunsystem auf Trab; Eisen sorgt für einen guten Sauerstofftransport im Blut.

NOCH SMARTER

Das Rinderfilet in dünne Scheiben zu schneiden ist ganz einfach: Geben Sie das Fleisch in Klarsichtfolie gewickelt kurz in den Tiefkühler und lassen Sie es anfrieren. Auf diese Weise lassen sich hauchzarte Carpaccio-Scheiben schneiden.

LACHSFILET AUF TOMATEN-GEMÜSE MIT SCHWARZEN OLIVEN UND BASILIKUM

KOHLENHYDRATE 5 g pro Portion

Pro Portion: Kilokalorien: 407; Fett: 27 g; gesättigte Fettsäuren: 5 g; Protein: 32 g; Zucker: 0 g; Ballaststoffe: 2,5 g

25 MIN.

Zutaten für 2 Portionen

2 große Tomaten (à 150 g)
20 g Kapern
40 g schwarze Oliven ohne Stein
1 Sardellenfilet (Glas)
¼ Zitrone
2 Stiele Basilikum
3 EL Olivenöl
Salz
Pfeffer
325 g Lachsfilet (ohne Haut)

1. Tomaten waschen, vierteln, entkernen und Fruchtfleisch in schmale Streifen schneiden. In eine Schüssel geben.
2. Kapern, Oliven und Sardellenfilet grob hacken und zu den Tomaten geben. Zitronenviertel mit der Hand über der Schüssel auspressen.
3. Basilikum waschen, trocken schütteln, Blätter abzupfen und grob hacken. Mit der Hälfte des Olivenöls zu den übrigen Zutaten geben. Salzen, pfeffern und alles gut mischen.
4. Lachsfilet abspülen, trocken tupfen und schräg in dünne Scheiben schneiden. Leicht salzen und pfeffern.
5. Restliches Öl in einer beschichteten Pfanne erhitzen. Lachsfilet darin bei starker Hitze von jeder Seite 30 Sekunden braten. Herausnehmen und auf eine vorgewärmte Platte geben.
6. Tomatengemüse in die Pfanne geben und unter Rühren 1 Minute erwärmen. Mit dem Lachsfilet anrichten und servieren.

WARUM GESUND

Lachs und Oliven enthalten ungesättigte Fettsäuren, die das Blutfett regulieren und den Blutdruck senken. Jod aus dem Fisch unterstützt die Schilddrüse. Die fettlöslichen Vitamine A, D und E sind gut für die Augen, die Knochen und senken einen erhöhten Cholesterinspiegel.

ROASTBEEF-RÖLLCHEN MIT KÜRBISQUARK UND CHINAKOHL

KOHLENHYDRATE 11 g pro Portion

Pro Portion: Kilokalorien: 356; Fett: 11 g; gesättigte Fettsäuren: 3,9 g; Protein: 50 g; Zucker: 0 g; Ballaststoffe: 1,5 g

25 MIN.

Zutaten für 2 Portionen

- 2 Eier
- 100 g eingelegter Kürbis (Glas)
- 3 Stiele Koriander
- 150 g Magerquark
- 1 kleine Bio-Zitrone
- Salz
- Pfeffer
- 150 g Chinakohl
- 10 Scheiben Roastbeef (ohne Fettrand)

1. Eier anpiksen, in einen Topf mit kochendem Wasser geben und in 8–9 Minuten hart kochen. Mit kaltem Wasser abschrecken, pellen und hacken.
2. Inzwischen Kürbis in einem Sieb abtropfen lassen und grob würfeln. Koriander waschen und trocken schütteln. Blättchen abzupfen und fein hacken.
3. Quark mit Kürbis und Koriander in eine Schüssel geben. Zitrone waschen, trocken reiben, die Schale fein abreiben, Saft auspressen und beides mit der Quarkmischung verrühren. Salzen, pfeffern und die gehackten Eier untermischen.
4. Chinakohl putzen, waschen und trocken schütteln. Mit einem großen Messer in sehr feine Streifen schneiden. In einer Schüssel leicht salzen und 3–4 Minuten kräftig kneten, damit er geschmeidig wird.
5. Roastbeefscheiben auf die Arbeitsfläche geben, leicht salzen und pfeffern. Jeweils 1–2 TL Kürbisquark darauf verteilen.
6. Jede Scheibe mit etwas Chinakohl belegen, fest aufrollen und auf eine Platte legen. Mit restlichem Chinakohl garnieren und servieren.

WARUM GESUND

Viel Eiweiß und wenig Kohlenhydrate machen die gefüllten Röllchen zum optimalen, leichten Abendessen. Außerdem liefern sie dem Körper B-Vitamine und Eisen und sind darum gut für Nerven und Sauerstoffversorgung.

NOCH SMARTER

Wer möchte, kann die Füllung auch in ebenso fettarme Scheiben von Puten- oder Hähnchenbrustaufschnitt wickeln. Und wer mehr Ballaststoffe braucht, serviert den restlichen Chinakohl – mit etwas Vinaigrette vermischt – als Rohkostsalat dazu.

MARINIERTER MOZZARELLA MIT OLIVEN UND GETROCKNETEN TOMATEN

KOHLENHYDR
4 g
pro Portion

Pro Portion: Kilokalorien: 183; Fett: 12 g; gesättigte Fettsäuren: 4,9 g; Protein: 14 g; Zucker: 0 g; Ballaststoffe: 0,5 g

25 MIN.

Zutaten für 4 Portionen

½ Limette
40 g grüne Oliven ohne Stein
50 g getrocknete Tomaten (abgetropft)
2 EL Olivenöl
1 kleine getrocknete Chilischote
250 g Mozzarella (9 % Fett)
schwarzer Pfeffer
Rosmarin zum Garnieren

1. Die Limette auspressen, 1 EL Saft abmessen.
2. Oliven und getrocknete Tomaten fein hacken.
3. In einer Schüssel mit Olivenöl und Limettensaft mischen. Chilischote zerbröseln und ebenfalls untermischen.
4. Den Käse abtropfen lassen und in kleine Stücke teilen.
5. Käse auf eine Platte geben und mit Pfeffer würzen.
6. Mit dem Oliven-Tomaten-Öl beträufeln und 15 Minuten bei Zimmertemperatur ziehen lassen (marinieren).
7. Mozzarella mit etwas Rosmarin garniert servieren.

WARUM GESUND

Oliven bzw. ihr Öl enthalten reichlich Ölsäure, eine einfach ungesättigte Fettsäure. Damit verbessern sie das Verhältnis zwischen dem »guten« und dem »schlechten« Cholesterin, wirken blutdrucksenkend und bremsen Entzündungsprozesse in den Gefäßen. Besonders Menschen mit einem hohen Risiko für Herz-Kreislauf-Erkrankungen profitieren hiervon.

NOCH SMARTER

Achten Sie beim Einkauf von Mozzarella auf die Verpackung: Hat sie sich erst einmal aufgebläht, ist der gute Geschmack dahin, der Käse eventuell schon bitter geworden.

WACHSWEICHE EIER AUF MANGOLD

KOHLENHYDRA 4 g pro Portion

Pro Portion: Kilokalorien: 235; Fett: 16 g; gesättigte Fettsäuren: 4,8 g; Protein: 16 g; Zucker: 0 g; Ballaststoffe: 5,2 g

30 MIN.

Zutaten für 4 Portionen

1 Schalotte
2 Knoblauchzehen
2 Stauden Mangold (750 g)
2 EL Olivenöl
Salz
Pfeffer
50 ml Weißwein
50 ml Gemüsebrühe
Muskatnuss
6 Eier
40 g Schafskäse
1 Bio-Zitrone
Cayennepfeffer

1. Schalotte schälen und fein hacken. Knoblauch schälen und in dünne Scheiben schneiden.
2. Mangold waschen und abtropfen lassen. Stiele abtrennen und in schmale Streifen schneiden, Blätter in breite Streifen schneiden.
3. Öl in einem Topf erhitzen. Schalotten und Knoblauch darin bei mittlerer Hitze glasig dünsten. Mangoldstiele zugeben, mit Salz und Pfeffer würzen und unter Rühren ca. 5 Minuten dünsten.
4. Mangoldblätter zugeben und 2 Minuten mitdünsten. Wein und Brühe zugießen und Mangold unter gelegentlichem Wenden in etwa 5 Minuten bissfest garen. Mit Salz und frisch abgeriebenem Muskat abschmecken.
5. Währenddessen Eier anpiksen und in einem Topf mit kochendem Wasser in etwa 7 Minuten wachsweich kochen. Dann mit kaltem Wasser abschrecken, pellen und halbieren.
6. Schafskäse in Würfel schneiden. Zitrone heiß abwaschen, trocken tupfen und in 4 Spalten schneiden.
7. Mangold auf 4 Teller verteilen und mit je 3 Eihälften belegen. Mit Schafskäse bestreuen, mit Cayennepfeffer würzen und jeweils mit 1 Zitronenspalte garnieren.

OKRASCHOTEN-CURRY MIT FRISCHER KOKOSNUSS

KOHLENHYDRATE 5 g pro Portion

Pro Portion: Kilokalorien: 108; Fett: 8 g; gesättigte Fettsäuren: 4,3 g; Protein: 4 g; Zucker: 0 g; Ballaststoffe: 7,5 g

30 MIN.

Zutaten für 4 Portionen

3 Schalotten
1 Stück frische Kokosnuss (50 g Fruchtfleisch)
1 rote Chilischote
500 g Okraschoten
½ kleine Limette
1 EL Rapsöl
1 EL helle Senfkörner
1 TL Kurkuma
1 EL Kreuzkümmelsamen
10 getrocknete Curryblätter
50 ml Kokoswasser
Salz
Pfeffer

1. Schalotten schälen und fein würfeln. Kokosnussfleisch gegebenenfalls mit einem Messer oder Sparschäler schälen und fein raspeln.
2. Chilischote putzen, waschen und schräg in dünne Scheiben schneiden.
3. Okraschoten putzen, waschen, trocken reiben und schräg in 2 cm breite Stücke schneiden. Die halbe Limette auspressen.
4. Öl in einem Wok erhitzen. Schalotten darin bei mittlerer Hitze glasig dünsten. Senfkörner, Kurkuma, Kreuzkümmel, Chili und Curryblätter zugeben. Alles unter ständigem Rühren bei starker Hitze 2–3 Minuten anbraten.
5. Okraschoten zugeben, unter ständigem Rühren 3–4 Minuten mitbraten. Kokoswasser zugießen, unterrühren und Wok vom Herd nehmen.
6. Kokosraspel und 1–2 EL Limettensaft untermischen. Curry salzen, pfeffern und servieren.

WARUM GESUND

In Afrika, Asien und im Nahen Osten kennt sie jedes Kind; bei uns sind Okras noch Exoten. Die Malvengewächse, die ein bisschen wie Bohnen schmecken, sorgen für willkommene Ballaststoffe und belasten die sensationell niedrige Kalorien- und Fettbilanz in keinster Weise.

NOCH SMARTER

Beim Aufschneiden sondern Okraschoten einen Schleim ab, den man gut mitverwenden kann – beispielsweise zum Binden der Sauce. Wenn Sie die Schleimbildung verhindern möchten, tauchen Sie die Schoten vor dem Putzen für 1 Minute in kochendes Wasser.

PFIRSICH-RUCOLA-SALAT MIT HÄHNCHENBRUSTFILET

KOHLENHYDRATE 14 g pro Portion

Pro Portion: Kilokalorien: 354; Fett: 19 g; gesättigte Fettsäuren: 2 g; Protein: 30 g; Zucker: 1 g; Ballaststoffe: 4,5 g

30 MIN.

Zutaten für 4 Portionen

1 ½ Bund Rucola (ca. 120 g)
4 Stiele Basilikum
3 Pfirsiche
3 Frühlingszwiebeln
3 EL Pistazienkerne (ca. 45 g)
3 Hähnchenbrustfilets (ohne Haut; à ca. 150 g)
Salz
Pfeffer
5 EL Rapsöl
3 EL Rotweinessig
1 Prise Zucker

WARUM GESUND

Hier kommen sättigendes Eiweiß, B-Vitamine und Vitamin A auf den Tisch.

1. Rucola putzen, waschen und trocken schleudern. Basilikum waschen, trocken schütteln und die Blätter abzupfen.
2. Pfirsiche waschen, trocken reiben, halbieren, entsteinen und Fruchtfleisch in 2 cm breite Spalten schneiden.
3. Frühlingszwiebeln putzen, waschen und schräg in dünne Ringe schneiden.
4. Pistazien grob hacken und in einer kleinen beschichteten Pfanne ohne Fett bei mittlerer Hitze anrösten. Vom Herd nehmen, auf einen kleinen Teller geben und abkühlen lassen.
5. Hähnchenbrustfilets abspülen, mit Küchenpapier trocken tupfen und in Streifen schneiden. Mit Salz und Pfeffer würzen.
6. 2 EL Öl in einer großen beschichteten Pfanne erhitzen. Hähnchenstreifen darin bei starker Hitze rundherum etwa 5 Minuten braten und anschließend herausnehmen.
7. Essig mit 3 EL Wasser, Zucker, Salz, Pfeffer und restlichem Öl in einer großen Schüssel zu einem Dressing verquirlen.
8. Rucola, Pfirsiche, Basilikum und Frühlingszwiebeln zu dem Dressing geben und gut vermischen. Salat mit den Hähnchenstreifen anrichten und mit den gerösteten Pistazien bestreuen.

NOCH SMARTER

Leider ist die Pfirsichsaison ja kurz – macht aber nichts, denn der Salat schmeckt auch mit Orangenfilets hervorragend!

SCHWEINEFILET MIT ROMANESCO-PÜREE UND PESTO

KOHLENHYDRATE 5 g pro Portion

Pro Portion: Kilokalorien: 245; Fett: 9 g; gesättigte Fettsäuren: 3,2 g; Protein: 33 g; Zucker: 0 g; Ballaststoffe: 6 g

30 MIN.

Zutaten für 4 Portionen

1 großer Romanesco (ca. 1 kg)
Salz
400 g Schweinefilet
grob gemahlener schwarzer Pfeffer
1 TL eingelegter grüner Pfeffer (Glas)
1 TL rosa Pfefferbeeren
1 EL Rapsöl
2 Stiele Basilikum
1 EL Joghurtbutter (ca. 15 g)
1 EL Pesto (Glas)

1. Romanesco putzen, waschen und in Röschen teilen. In einen Topf geben, knapp mit Salzwasser bedecken und aufkochen. Zugedeckt 10–12 Minuten garen.
2. Inzwischen Schweinefilet abspülen, trocken tupfen, salzen und pfeffern. Grüne und rosa Pfefferbeeren mit einem breiten Messerrücken zerdrücken. Das Filet rundherum damit einreiben, dabei die Beeren etwas eindrücken.
3. Öl in einer Pfanne erhitzen, das Filet darin bei starker Hitze ringsherum anbraten. Dann die Hitze auf mittlere Stufe reduzieren und Fleisch weitere 8–10 Minuten braten, dabei öfter wenden.
4. Inzwischen Basilikum waschen, trocken schütteln und Blätter abzupfen.
5. Schweinefilet aus der Pfanne nehmen, in Alufolie wickeln und warm stellen.
6. Romanesco abgießen und wieder in den Topf geben. Butter und Pesto zugeben und mit einem Stabmixer nach Belieben zu feinem oder stückigem Püree zerkleinern.
7. Das Filet in Scheiben schneiden, mit dem Romanesco-Püree anrichten und mit Basilikum garnieren.

WARUM GESUND

Geizig beim Fett, großzügig mit B-Vitaminen, Eiweiß und Eisen: Schweinefilet kann man sich auch dann mit gutem Gewissen leisten, wenn man jede Kalorie zählt. Das lockere Gemüsepüree dazu bringt Farbe und Vitamine auf den Teller, vor allem Vitamin C.

NOCH SMARTER

Weil Romanesco im Gegensatz zu seinem »großen Bruder« Blumenkohl Sonne tanken darf, ist er grün statt weiß. Nicht nur äußerlich unterscheidet er sich: Romanesco ist auch noch etwas reicher an Vitaminen und Zellschutzstoffen.

TATAR-FRIKADELLEN MIT TOMATEN-OLIVEN-SALAT

KOHLENHYDRATE 8 g pro Portion

Pro Portion: Kilokalorien: 339; Fett: 18 g; gesättigte Fettsäuren: 4,1 g; Protein: 34 g; Zucker: 1 g; Ballaststoffe: 2,5 g

30 MIN.

Zutaten für 4 Portionen

1 Schalotte
2 Eier
400 g Rindertatar
½ TL Dijonsenf
1 EL Ketchup
Salz
Pfeffer
1 EL Worcestersauce
8 Tomaten (rote und gelbe, ca. 400 g)
½ Friséesalat (ca. 100 g)
75 g grüne Oliven mit Stein
½ Bund Schnittlauch
4 EL Olivenöl
1 EL Balsamessig
1 Prise Rohrzucker

1. Schalotte schälen und fein hacken. Eier trennen (Eiweiße anderweitig verwenden). Schalotte in einer Schüssel mit Tatar, Eigelben, Senf, Ketchup, Salz, Pfeffer und Worcestersauce mischen.
2. Mit feuchten Händen aus der Masse 4 Frikadellen formen und diese kalt stellen.
3. Tomaten waschen, Stielansätze keilförmig herausschneiden und die Tomaten in Scheiben schneiden.
4. Tomatenscheiben dekorativ auf Teller legen und mit Salz und Pfeffer würzen.
5. Friséesalat putzen, waschen, trocken schleudern und in mundgerechte Stücke teilen. Auf den Tomaten verteilen.
6. Oliven in dünnen Scheiben vom Stein schneiden.
7. Schnittlauch waschen, trocken schütteln und in feine Röllchen schneiden. Mit Oliven, 3 EL Olivenöl, Essig und Zucker in einer Schüssel zu einem Dressing verrühren.
8. Über die Tomaten geben.
9. Eine schwere Pfanne erhitzen und das restliche Öl hineingeben. Die Tatar-Frikadellen hineinlegen und von jeder Seite bei sehr starker Hitze 20 Sekunden scharf anbraten. Fleisch mit einem Pfannenwender oder einer Palette aus der Pfanne nehmen. Die Tatar-Frikadellen mit dem Tomaten-Oliven-Salat servieren.

NOCH SMARTER

Friséesalat hat vor allem im Herbst und Winter Saison. Sollten Sie keinen bekommen, nehmen Sie Mini-Römersalat.

WARUM GESUND

Rindertatar stammt aus magerem Beefsteak. Das fettarme Muskelfleisch strotzt vor Eisen und Vitamin B12. Beide zusammen sind ein ideales Duo in Bezug auf die Blutbildung. Und damit der Organismus das Eisen auch optimal verwerten kann, gibt's eine Portion Vitamin C aus Tomaten und Salat gleich mit dazu.

SEELACHSFILET MIT ROMANESCO UND OLIVEN

KOHLENHYDRATE 7g pro Portion

Pro Portion: Kilokalorien: 373; Fett: 20 g; gesättigte Fettsäuren: 2,6 g; Protein: 39 g; Zucker: 0 g; Ballaststoffe: 8 g

30 MIN.

Zutaten für 2 Portionen

1 kleiner Romanesco (ca. 400 g)
40 g grüne Oliven ohne Stein
2 kleine Zwiebeln
1 Knoblauchzehe
300 g Seelachsfilet
20 g Mandelkerne
2 Stiele Majoran
½ Zitrone
2 EL Olivenöl
Salz
Pfeffer

1. Romanesco putzen, in sehr kleine Röschen teilen und waschen.
2. Oliven grob hacken. Zwiebeln schälen und fein würfeln. Knoblauch schälen und fein hacken.
3. Fischfilet waschen, trocken tupfen und in 3 cm große Stücke schneiden.
4. Mandeln grob hacken. Majoran waschen, trocken schütteln, Blätter abzupfen. Zitrone auspressen.
5. Öl in einer Pfanne erhitzen. Romanesco darin unter Schwenken 3–4 Minuten bei starker Hitze braten.
6. Mandeln, Zwiebeln und Knoblauch dazugeben und 1 Minute weiterbraten. Mit Salz und Pfeffer würzen.
7. Die Fischstücke mit Pfeffer würzen und mit den Oliven in die Pfanne geben.
8. Mit 2 EL Zitronensaft und 2 EL Wasser ablöschen. Sofort zudecken und bei kleiner Hitze weitere 4–5 Minuten garen. Am Ende der Garzeit nach Belieben mit Salz würzen, mit Majoran bestreuen und sofort servieren.

WARUM GESUND

Mit einer Mahlzeit decken Sie bereits den Tagesbedarf an Jod. Das Spurenelement erfüllt lebenswichtige Funktionen in unserem Stoffwechsel und im zentralen Nervensystem. Zudem liefert der Fisch hochwertiges Eiweiß – unerlässlich für unseren Körper.

GEBRATENES LAMMFILET MIT SPITZPAPRIKA, TOMATEN UND MINZE

KOHLENHYDRATE 10 g pro Portion

Pro Portion: Kilokalorien: 392; Fett: 16 g; gesättigte Fettsäuren: 4 g; Protein: 48 g; Zucker: 0 g; Ballaststoffe: 7 g

30 MIN.

Zutaten für 2 Portionen

1 Zwiebel (ca. 50 g)
1 Knoblauchzehe
12 Kirschtomaten
3 grüne Spitzpaprika (à 100 g)
2 EL Olivenöl
300 g Lammfilet (küchenfertig)
Salz
Pfeffer
2 TL eingelegter grüner Pfeffer
175 ml Gemüsebrühe
½ Zitrone
4 EL Joghurt (0,3 % Fett)
2 Stiele Minze

1. Zwiebel schälen, halbieren und in Streifen schneiden. Knoblauch schälen und in Scheiben schneiden. Kirschtomaten waschen.
2. Spitzpaprikaschoten halbieren, entkernen und waschen. Anschließend in etwa 2 cm breite Streifen schneiden.
3. Das Öl in einer Pfanne erhitzen. Lammfilets abspülen, trocken tupfen, salzen und pfeffern. Im heißen Öl rundherum 3–4 Minuten anbraten. Auf einen Teller geben, mit Alufolie abdecken und beiseitestellen.
4. Zwiebel, Knoblauch und Paprika in die Pfanne geben und unter Rühren 1 Minute braten.
5. Tomaten zufügen und weitere 30 Sekunden braten.
6. Grünen Pfeffer mit etwas Lake in die Pfanne geben. Gemüsebrühe dazugießen und alles bei starker Hitze 3 Minuten kochen lassen.
7. Die Zitronenhälfte auspressen. Nach Belieben 1–3 TL Zitronensaft mit Joghurt, Salz und Pfeffer in einer Schüssel glatt rühren.
8. Minze waschen, trocken schütteln, Blätter abzupfen und auf den Joghurt streuen.
9. Lammfilets mit dem angesammelten Bratensaft in die Pfanne mit dem Gemüse geben. Alles nochmals 1–2 Minuten erhitzen. Auf eine Platte geben und mit dem Joghurt servieren.

WARUM GESUND

Clevere Kombi: Das eiweißreiche, fettarme Lammfilet deckt pro Portion den Tagesbedarf an Niacin und Vitamin B12 und liefert reichlich Zink; die Paprikaschoten erfüllen das Tagessoll an Vitamin C.

NOCH SMARTER

Die spitzen Schoten schmecken besonders pikant. Wer mag, kann sie auch durch die leicht süßlichen, dunkelroten Spitzpaprikaschoten oder herkömmliche Paprikaschoten ersetzen. Und wenn es scharf sein soll, braten Sie einfach eine kleine, gehackte Chilischote mit.

STEINBEISSERFILET AUF JAPANISCHE ART MIT GEMÜSE-JULIENNE, INGWER UND CHILI

KOHLENHYDR
17 g
pro Portion

Pro Portion: Kilokalorien: 374; Fett: 15 g; gesättigte Fettsäuren: 2,3 g; Protein: 40 g; Zucker: 2 g; Ballaststoffe: 12,5 g

30 MIN.

Zutaten für 2 Portionen

2 Möhren (à ca. 100 g)
1 gelbe Paprikaschote (ca. 200 g)
50 g Zuckerschoten
200 g Spitzkohl
1 mittelgroße Zwiebel
1 Stück Ingwerwurzel (ca. 20 g)
1 rote Chilischote
½ Limette
1 TL Sesamöl
1 EL Mirin (oder trockener Sherry)
1 EL Sojasauce
1 TL Honig
2 Steinbeißerfilets (à ca. 160 g)
Salz
2 EL ungeschälter Sesam
2 EL Öl

1. Möhren, Paprika, Zuckerschoten, Spitzkohl und Zwiebel putzen, wenn notwendig schälen, waschen und in sehr feine Streifen schneiden.
2. Ingwer schälen und in sehr feine Scheiben schneiden. Chilischote waschen und in Scheiben schneiden (wer es weniger scharf mag, halbiert sie und entfernt die Kerne). Limette auspressen.
3. Sesamöl, 1 EL Limettensaft, Mirin, Sojasauce und Honig mit ca. 2 EL Wasser in einer Schüssel zu einer Sauce (Vinaigrette) verquirlen und beiseitestellen.
4. Fischfilets abspülen, trocken tupfen und leicht salzen, jeweils auf einer Seite mit Sesam bestreuen und die Körner etwas andrücken.
5. Die Hälfte des Öls in einer beschichteten Pfanne erhitzen, Filets darin auf der mit Sesam bestreuten Seite 1–2 Minuten braten, vorsichtig wenden, dann weitere 1–2 Minuten braten, herausnehmen und auf einem Teller beiseitestellen.
6. Pfanne mit Küchenpapier auswischen, restliches Öl hineingeben und erhitzen. Gemüse, Chili und Ingwer darin bei sehr starker Hitze unter Wenden 2 Minuten anbraten.
7. Fisch mit der sesambestreuten Seite nach oben auf das Gemüse legen.
8. 3 EL Wasser zugießen. Bei mittlerer Hitze weitere 4–5 Minuten zugedeckt dünsten, gegebenenfalls noch etwas Wasser dazugeben. Gemüse und Fisch auf Tellern anrichten, Sesam-Limetten-Vinaigrette darüberträufeln.

NOCH SMARTER

Noch »asiatischer« schmeckt der Fisch, wenn Ingwertee dazu getrunken wird. Dafür 1 Liter Wasser in einen Topf geben, ein walnussgroßes, in Scheiben geschnittenes Stück frischen Ingwer zufügen, im offenen Topf etwa 10 Minuten köcheln lassen und lauwarm servieren.

ITALIENISCHES JÄGER-SCHNITZEL MIT PILZEN UND GETROCKNETEN TOMATEN

KOHLENHYD[RATE] 12 g pro Portion

Pro Portion: Kilokalorien: 358; Fett: 19 g; gesättigte Fettsäuren: 2,8 g; Protein: 34 g; Zucker: 0 g; Ballaststoffe: 4,5 g

30 MIN.

Zutaten für 4 Portionen

250 g kleine Austernpilze
250 g Shiitakepilze
2 Schalotten
50 g eingelegte, getrocknete Tomaten
1 Zweig Rosmarin
12 dünne Hähnchenbrustschnitzel à 40 g
3 EL Olivenöl
Salz
250 ml Sojacreme
150 ml dunkler Kalbsfond

1. Pilze putzen. Austernpilze eventuell halbieren.
2. Schalotten schälen und fein würfeln. Tomaten in feine Würfel schneiden.
3. Rosmarin waschen, trocken schütteln, Nadeln abzupfen und hacken.
4. Schnitzel waschen und trocken tupfen. 2 EL Öl in einer Pfanne erhitzen und die Schnitzel darin bei starker Hitze von jeder Seite ca. 20 Sekunden braten.
5. Schnitzel aus der Pfanne nehmen, salzen und in Alufolie gewickelt warm halten.
6. Das restliche Öl in die Pfanne geben und die Pilze darin bei starker Hitze 1 Minute unter Rühren anbraten.
7. Schalotten dazugeben und 1 weitere Minute bei mittlerer Hitze braten.
8. Mit Sojacreme und Kalbsfond ablöschen.
9. Getrocknete Tomaten und Rosmarin zugeben. Alles bei kleiner Hitze einige Minuten einkochen lassen, bis die Sauce cremig wird.
10. Schnitzel in die Sauce geben und kurz erwärmen. Jägerschnitzel auf Tellern anrichten und mit der Pilzsauce übergossen servieren.

WARUM GESUND

Austern- und Shiitakepilze sättigen und sind dabei kalorienarm. Im Vergleich zu anderen pflanzlichen Lebensmitteln liefern sie eine gute Portion Vitamin D, mit dem mindestens jeder Zweite von uns zu knapp versorgt ist. Vitamin D stärkt Immunsystem und Knochen!

NOCH SMARTER

Natürlich können Sie das Jägerschnitzel à la italiana auch mit dünnen Puten- oder Kalbsschnitzeln zubereiten.

FISCH-GEMÜSE-SPIESSE MIT LIMETTEN-DIP

KOHLENHYDR. **8 g** pro Portion

Pro Portion: Kilokalorien: 100; Fett: 2 g; gesättigte Fettsäuren: 0,5 g; Protein: 12 g; Zucker: 0 g; Ballaststoffe: 1 g

30 MIN.

Zutaten für 4 Portionen

1 kleine reife Mango (ca. 250 g)
1 Limette
1 kleine Zucchini (150 g)
4 Kirschtomaten
200 g Kabeljaufilet
Salz
½ TL Joghurtbutter
Pfeffer
1 TL rosa Pfefferbeeren
100 g Joghurt (0,1 % Fett)

1. Mango schälen. Fruchtfleisch in dicken Spalten vom Stein schneiden und würfeln.
2. Limette halbieren und den Saft auspressen.
3. Zucchini waschen, putzen und würfeln. Tomaten waschen.
4. Kabeljaufilet abspülen, mit Küchenpapier trocken tupfen und in gleich große Würfel schneiden. Salzen.
5. Butter in einer kleinen Pfanne schmelzen. 2 EL Limettensaft und etwas Pfeffer unterrühren und Pfanne vom Herd nehmen.
6. Backofen zum Grillen vorheizen.
7. Fischwürfel, Mango, Tomaten und Zucchini auf Holzspieße stecken und rundherum mit der Limettenbutter bestreichen.
8. Spieße unter dem vorgeheizten Backofengrill oder in einer Grillpfanne 7–8 Minuten garen. Dabei einmal wenden.
9. Inzwischen Pfefferbeeren mit einem Messerrücken leicht zerdrücken und in einer kleinen Schüssel mit dem Joghurt verrühren. Mit Salz und restlichem Limettensaft abschmecken, zu den Fisch-Gemüse-Spießen servieren.

SPINATSALAT MIT SESAM AUF JAPANISCHE ART

KOHLENHYDRATE 3 g pro Portion

Pro Portion: Kilokalorien: 83; Fett: 5 g; gesättigte Fettsäuren: 0,7 g; Protein: 5 g; Zucker: 1 g; Ballaststoffe: 4,5 g

30 MIN.

Zutaten für 4 Portionen

500 g Blattspinat (tiefgekühlt)
1 EL geschälter Sesam
2 Frühlingszwiebeln
5 EL Gemüsebrühe
3 EL helle Sojasauce
1 EL Sesamöl
½ TL Zucker
Salz
½ Bio-Zitrone

WARUM GESUND

Sesam und Spinat bilden ein ideales vegetarisches Duo hinsichtlich der Eisenversorgung. Das lebenswichtige Spurenelement kann der Körper hier dank der zusätzlichen Vitamin-C-Spritze aus frischen Zitronen besonders gut aufnehmen.

1. Spinat in einen Topf geben und nach Packungsanleitung zubereiten.
2. Inzwischen den Sesam in einer Pfanne ohne Fett hellbraun rösten. Vom Herd nehmen, auf einen Teller geben und abkühlen lassen.
3. Frühlingszwiebeln putzen, waschen und in dünne Ringe schneiden.
4. Brühe, Sojasauce, Sesamöl und Zucker in einer Schüssel zu einer Marinade verrühren.
5. Spinat in ein Sieb geben, gut abtropfen und lauwarm abkühlen lassen.
6. Spinat und Frühlingszwiebeln zur Marinade geben und gut mischen. Spinatsalat mit Salz abschmecken.
7. Zitrone gut abwaschen und 1 Hälfte in schmale Spalten schneiden. Zum Servieren den Spinatsalat auf Tellern anrichten, mit geröstetem Sesam bestreuen und mit den Zitronenspalten garnieren.

BLUMENKOHL MIT RINDERFILET

KOHLENHYDR. 9 g pro Portion

Pro Portion: Kilokalorien: 217; Fett: 11 g; gesättigte Fettsäuren: 2,1 g; Protein: 20 g; Zucker: 0 g; Ballaststoffe: 6,1 g

30 MIN.

Zutaten für 4 Portionen

500 g Blumenkohlröschen
Salz
300 g Rinderfilet
3 Möhren (ca. 300 g)
1 Stück Ingwerwurzel (15 g)
2 Stiele Koriander
3 EL Rapsöl
Pfeffer
1 EL Austernsauce
2 EL Reisweinessig

1. Blumenkohlröschen waschen, putzen und längs halbieren. In einen Topf mit kochendem Salzwasser geben und 3–4 Minuten blanchieren, abgießen, kalt abschrecken und gut abtropfen lassen.
2. Fleisch trocken tupfen und in schmale Streifen schneiden. Möhren putzen, schälen und in dünne Stifte schneiden. Ingwer schälen und in feine Streifen schneiden. Koriander waschen, trocken schütteln und Blätter abzupfen.
3. Öl in einem Wok erhitzen. Fleisch darin bei starker Hitze 2–3 Minuten scharf anbraten. Salzen, pfeffern, herausnehmen und beiseitestellen.
4. Blumenkohlröschen in den Wok geben und unter gelegentlichem Wenden bei starker Hitze 2 Minuten anbraten. Möhren und Ingwer zufügen und 1 Minute mitbraten.
5. Fleisch zurück in den Wok geben und mit Austernsauce, Reisweinessig, Salz und Pfeffer abschmecken. Auf 4 Tellern anrichten und mit Koriander garnieren.

RADIESCHEN-KRÄUTER-KALTSCHALE

KOHLENHYDRATE 16 g pro Portion

Pro Portion: Kilokalorien: 150; Fett: 4 g; gesättigte Fettsäuren: 2,3 g; Protein: 11 g; Zucker: 0 g; Ballaststoffe: 2,8 g

30 MIN.

Zutaten für 2 Portionen

250 ml Buttermilch
3 EL Zitronensaft
150 g Joghurt (1,5 % Fett)
100 ml Milch (1,5 % Fett)
1 EL Sahnemeerrettich (20 g; Glas)
Salz
Pfeffer
Muskatnuss
1 Bund Radieschen (200 g)
2 Bund gemischte Kräuter (z. B. Petersilie, Minze, Basilikum, Schnittlauch; 40 g)

1. Buttermilch und Zitronensaft in eine Schüssel geben und mit Joghurt und Milch mischen. Meerrettich zugeben und alles aufmixen. Mit Salz, Pfeffer und etwas frisch abgeriebenem Muskat abschmecken.
2. Radieschen waschen, putzen und in feine Stifte schneiden oder raspeln. Die Hälfte der Radieschenraspel unter die Buttermilch-Joghurt-Suppe mischen.
3. Suppe auf 2 Schalen verteilen. Kräuter waschen, trocken schütteln, hacken und auf der Suppe verteilen. Mit restlichen Radieschen bestreuen und mit je 1 Prise frisch abgeriebenem Muskat würzen.

GEBRATENE SCHOLLENFILETS MIT KRABBEN, SPINAT UND KNUSPRIGEN CROÛTONS

KOHLENHYDRATE 17 g pro Portion

Pro Portion: Kilokalorien: 370; Fett: 10 g; gesättigte Fettsäuren: 1,3 g; Protein: 50 g; Zucker: 0 g; Ballaststoffe: 5,5 g

30 MIN.

Zutaten für 2 Portionen

75 g Vollkorn-Ciabatta (vom Vortag)
1 Zwiebel
150 g junger Blattspinat (wahlweise tiefgekühlt)
3 Stiele Dill
6 Schollenfilets ohne Haut (à 60 g)
Salz
grob gemahlener Pfeffer
1 EL Öl
1 Stück Zitrone
75 g Nordseekrabben (geschält)

1. Brot in sehr dünne Scheiben schneiden und im vorgeheizten Backofen bei 200 °C Ober-/Unterhitze (Umluft: 180 °C, Gas: Stufe 3) auf dem Rost in ca. 4–5 Minuten goldbraun backen.
2. Inzwischen die Zwiebel schälen und in feine Streifen schneiden. Brot aus dem Ofen nehmen und mit den Händen zu Croûtons zerkleinern.
3. Spinat in kaltem Wasser gründlich waschen und gut abtropfen lassen. Dill waschen, trocken schütteln und grob zerzupfen. Schollenfilets abspülen, trocken tupfen, salzen und pfeffern.
4. Das Öl in einer beschichteten Pfanne erhitzen und die Schollenfilets darin von jeder Seite 1–2 Minuten braten. Vorsichtig auf Teller legen und im ausgeschalteten Backofen warm halten.

5. Zwiebelstreifen und Spinat in die Pfanne geben und 1–2 Minuten unter ständigem Rühren braten. Mit Salz und Pfeffer würzen. Zitrone über der Pfanne ausdrücken.
6. Krabbenfleisch in die Pfanne geben und kurz miterwärmen. Die zerkleinerten Croûtons und den Dill untermischen.
7. Spinat-Krabben-Gemüse auf den Fischfilets verteilen und sofort servieren.

IN MAXIMAL 45 MINUTEN AUF DEM TISCH

GEDÜNSTETES HÄHNCHENBRUSTFILET MIT FENCHEL UND ZITRONE

KOHLENHYDRATE 9 g pro Portion

Pro Portion: Kilokalorien: 262; Fett: 7 g; gesättigte Fettsäuren: 1,2 g; Protein: 39 g; Zucker: 0 g; Ballaststoffe: 8,5 g

35 MIN.

Zutaten für 2 Portionen

- 2 Frühlingszwiebeln
- 1 kleine Möhre (ca. 80 g)
- 1 Fenchelknolle (ca. 250 g)
- 1 kleine Bio-Zitrone
- 2 Hähnchenbrustfilets (à 150 g)
- Salz
- Pfeffer
- 1 EL Sojaöl
- 1 TL Fenchelsaat
- 2 Pimentkörner
- 100 ml Gemüsebrühe
- ½ Bund Dill

1. Frühlingszwiebeln putzen, waschen und in dünne Ringe schneiden.
2. Möhre waschen, schälen und in dünne Scheiben schneiden.
3. Fenchel waschen, halbieren und in Streifen schneiden. Zitrone heiß abspülen, trocken reiben und in dünne Scheiben schneiden.
4. Backofen auf 180 °C Ober-/Unterhitze (Umluft: 160 °C, Gas: Stufe 1–2) vorheizen.
5. Hähnchenbrustfilets abspülen und trocken tupfen. Mit Salz und Pfeffer würzen. Öl in einer beschichteten Pfanne erhitzen und die Filets von jeder Seite 1 Minute anbraten.
6. Hähnchenfilets herausnehmen. Fenchelsaat, Piment, Frühlingszwiebeln, Möhren- und Zitronenscheiben sowie Fenchelstreifen im Bratfett bei mittlerer Hitze unter Rühren etwa 1 Minute braten.
7. Alles in eine Auflaufform geben und die Hähnchenfilets darauflegen. Gemüsebrühe angießen, Auflauf salzen und pfeffern. Mit Alufolie zudecken und im Backofen etwa 15 Minuten garen.
8. Inzwischen den Dill waschen, trocken schütteln, die Fähnchen abzupfen und fein hacken. Vor dem Servieren über die gedünsteten Hähnchenbrustfilets streuen.

WARUM GESUND

Die ebenso leichte wie leckere Komposition aus Hähnchenfilet, Fenchel und Möhren sorgt dafür, dass eine Portion das Tagessoll an Vitamin A gleich doppelt erfüllt. Auch mit nervenstärkendem Niacin kann die Kombi richtig punkten: 180 Prozent des täglichen Bedarfs stecken drin.

GEBRATENER CHINAKOHL MIT LACHSFILET

KOHLENHYDRATE 3 g pro Portion

Pro Portion: Kilokalorien: 238; Fett: 16 g; gesättigte Fettsäuren: 2,5 g; Protein: 17 g; Zucker: 0 g; Ballaststoffe: 4 g

35 MIN.

Zutaten für 4 Portionen

1 kleiner Chinakohl (ca. 500 g)
1 Schalotte
2 EL Sesam
3 EL Öl
4 EL Teriyaki-Sauce
Salz
Pfeffer
300 g Lachsfilet
½ Bund glatte Petersilie
1 Limette

1. Chinakohl halbieren, vom Strunk befreien, vierteln und in dünne Streifen hobeln. Waschen und in einem Sieb gut abtropfen lassen.
2. Schalotte schälen und fein würfeln.
3. Sesam in einer Pfanne ohne Fett anrösten, aus der Pfanne nehmen und beiseitestellen.
4. 2 EL Öl in der Pfanne erhitzen. Schalotte darin glasig dünsten.
5. Chinakohl zugeben und unter Rühren etwa 5 Minuten bei starker Hitze anbraten. Mit Teriyaki-Sauce, Salz und Pfeffer abschmecken. Warm halten.
6. Lachsfilet abspülen, trocken tupfen und in 4 gleich große Stücke schneiden. Restliches Öl in einer weiteren Pfanne erhitzen. Lachs darin bei mittlerer Hitze von jeder Seite etwa 2 Minuten anbraten, sodass die Stücke innen noch leicht glasig bleiben.
7. Inzwischen Petersilie waschen, trocken schütteln, Blätter abzupfen und fein hacken.
8. Limette abspülen, trocken reiben und vierteln oder in Spalten schneiden.
9. Gerösteten Sesam unter den Chinakohl heben. Lachs mit Petersilie bestreuen, mit Limettenviertel oder -spalten und Chinakohl anrichten.

WARUM GESUND

Schon eine Portion deckt hier den täglichen Bedarf an Vitamin D, das für starke Knochen verantwortlich zeichnet. Dazu kommt eine gute Ration Omega-3-Fettsäuren, die für Herz und Gefäße ausgesprochen wertvoll sind und den Cholesterinspiegel günstig beeinflussen.

NOCH SMARTER

Für einen ungetrübten Genuss sollte der Chinakohl wirklich knackfrisch sein! Achten Sie darum beim Einkauf darauf, dass der Kopf keine schlaffen Blätter hat und sich schön fest anfühlt.

SOJA-LACHS MIT ZUCKERSCHOTENSALAT

KOHLENHYDRATE 16 g pro Portion

Pro Portion: Kilokalorien: 384; Fett: 20 g; gesättigte Fettsäuren: 3,9 g; Protein: 34 g; Zucker: 3 g; Ballaststoffe: 6,5 g

35 MIN.

Zutaten für 2 Portionen

1 Limette
1 EL Honig
1 EL Olivenöl
2 EL Sojasauce
300 g Lachsfilet (in 2 Stücken)
200 g Zuckerschoten
Salz
2 EL Thai-Fischsauce
2 TL Sesamöl
1 grüne Pfefferschote
1 EL Sesam

WARUM GESUND

Das Gericht bietet wertvolle Omega-3-Fettsäuren, reichlich Ballaststoffe und viele Vitamine und Spurenelemente wie Vitamin D, B12 und Zink. Vitamin D ist unerlässlich für die Mineralisation unserer Knochen, Vitamin B12 schützt die Nervenfasern und Zink hält das Immunsystem fit.

1. Limette halbieren und auspressen. Honig, Öl, 1 EL Limettensaft und 1 EL Sojasauce in einer Schüssel zu einer Marinade verrühren.
2. Lachsfilets waschen, trocken tupfen, in der Marinade wenden und 20 Minuten ziehen lassen.
3. Inzwischen Zuckerschoten putzen, waschen und für 20 Sekunden in einem Topf mit kochendem Salzwasser blanchieren.
4. Eiswürfel in eine Schüssel geben und diese mit kaltem Wasser füllen. Zuckerschoten durch ein Sieb abgießen und sofort in das Eiswasser tauchen. Herausnehmen und gut abtropfen lassen.
5. Backofen auf 220 °C Ober-/Unterhitze (Umluft nicht empfehlenswert, Gas: Stufe 3–4) vorheizen.
6. Restliche Sojasauce, 1 EL Limettensaft, Fischsauce und Sesamöl in einer Schüssel verrühren.
7. Pfefferschote längs halbieren, entkernen, waschen, hacken und mit dem Sesam unter das Dressing rühren, dann mit den Zuckerschoten mischen.
8. Ein Backblech im vorgeheizten Ofen erhitzen. Die Lachsfilets auf das Blech legen und 10 Minuten auf der 2. Schiene von unten garen.
9. Die Fischfilets vom Blech nehmen und mit dem Zuckerschotensalat servieren.

NOCH SMARTER

Wenn Sie keine frischen Zuckerschoten bekommen, nehmen Sie einfach tiefgefrorene. Sie können sie ohne Auftauen wie beschrieben blanchieren.

GARNELENPFANNE MIT ZUCKERSCHOTEN, ERBSEN UND TOMATEN

KOHLENHYDRAT 9 g pro Portion

Pro Portion: Kilokalorien: 250; Fett: 8 g; gesättigte Fettsäuren: 1,2 g; Protein: 33 g; Zucker: 0 g; Ballaststoffe: 3 g

35 MIN.

Zutaten für 4 Portionen

500 g Riesengarnelen (geschält, ohne Kopf)
1 Bund Frühlingszwiebeln
1 grüne Chilischote
125 g Zuckerschoten
350 g Tomaten
250 g frische Erbsen mit Schote (oder 75 g TK-Erbsen)
2 EL Olivenöl
125 ml Gemüsebrühe
Pfeffer
4 Stiele Minze

1. Die Garnelen am Rücken entlang so weit einschneiden, dass sich die schwarzen Darmfäden entfernen lassen. Garnelen abspülen, trocken tupfen und schmetterlingsartig auseinanderbreiten.
2. Frühlingszwiebeln waschen, putzen und schräg in 2 cm lange Stücke schneiden.
3. Chilischote längs halbieren, waschen und in feine Streifen schneiden. Zuckerschoten waschen und die Enden entfernen.
4. Tomaten waschen, Stielansatz entfernen und Fruchtfleisch grob zerkleinern.
5. Frische Erbsen aus den Hülsen lösen, abspülen und abtropfen lassen.
6. Das Öl in einem Wok oder einer großen Pfanne stark erhitzen. Garnelen darin auf einer Seite anbraten. Wenden und alle vorbereiteten Gemüse dazugeben.
7. Brühe oder Weißwein angießen und alles zugedeckt 1 Minute kochen.
8. Deckel abnehmen und weitere 2 Minuten kochen. Mit Salz und Pfeffer würzen.
9. Minze waschen, trocken schütteln und Blättchen abzupfen. Grob hacken und über die Garnelenpfanne streuen.

WARUM GESUND

Erbsen und Zuckerschoten haben es in sich: Sie liefern Eiweiß in Verbindung mit Nukleinsäure, die die Zellen verjüngt. Dazu kommen reichlich Kalium und Magnesium, die die Nukleinsäure für den Körper verfügbar machen. Eine Extraportion Eiweiß bringen zusätzlich die Garnelen auf den Teller.

PUTENSCHNITZEL MIT LACHSSCHINKEN UND ZUCCHINI-MÖHREN-GEMÜSE

KOHLENHYDRATE 12 g pro Portion

Pro Portion: Kilokalorien: 347; Fett: 12 g; gesättigte Fettsäuren: 2,3 g; Protein: 44 g; Zucker: 0 g; Ballaststoffe: 7 g

35 MIN.

Zutaten für 2 Portionen

2 Möhren (200 g)
1 Zucchini (250 g)
3 Frühlingszwiebeln
8 Putenschnitzel (à ca. 40 g)
4 Stiele Salbei
30 g getrocknete Tomaten (in Öl)
4 Scheiben Lachsschinken
2 EL Olivenöl
½ Zitrone
Salz
Pfeffer

1. Möhren putzen und schälen. Zucchini waschen und putzen. Möhren und Zucchini getrennt in sehr feine Streifen (Julienne) schneiden. Frühlingszwiebeln putzen, waschen und in feine Ringe schneiden.
2. Putenschnitzel unter Klarsichtfolie oder einem Gefrierbeutel mit dem Plattierer oder einem Stieltopf flach klopfen.
3. Salbei waschen, trocken schütteln, 12 Blätter von den Stielen abzupfen. Getrocknete Tomaten in einem Sieb abtropfen lassen und in Streifen schneiden.
4. Jedes Schnitzel mit 1 Salbeiblatt und ½ Scheibe Lachsschinken belegen und beides mit einem Zahnstocher feststecken. Restlichen Salbei hacken.
5. Backofen auf ca. 100 °C Ober-/Unterhitze (Umluft 80 °C, Gas: Stufe 1) vorheizen.
6. 1 EL Öl in einer Pfanne erhitzen und die Schnitzel darin von jeder Seite 1 Minute bei starker Hitze scharf anbraten, herausnehmen und im Ofen warm halten.
7. Die Pfanne mit Küchenpapier auswischen. Restliches Öl darin erhitzen, Möhrenstreifen und Frühlingszwiebeln zugeben und bei starker Hitze unter Rühren 1 Minute braten.
8. Zucchini dazugeben und 1 weitere Minute braten.
9. Tomaten und Salbei dazugeben. 2 TL Zitronensaft auspressen. Gemüse mit Salz, Pfeffer und Zitronensaft würzen.
10. Gemüse auf Teller verteilen, die Putenschnitzel darauflegen und den ausgetretenen Fleischsaft darüberträufeln.

WARUM GESUND

Die beiden größten Vorteile von Putenfleisch: Es liefert hochwertiges Eiweiß und enthält kaum Fett. Außerdem ist es reich an Niacin, das den Stoffwechsel unterstützt, und an Zink, das für ein störungsfrei arbeitendes Immunsystem und normale Zellteilung wichtig ist.

FISCHPFANNE MIT MANGOLD UND KOHLRABI

KOHLENHYDRATE 5 g pro Portion

Pro Portion: Kilokalorien: 225; Fett: 10 g; gesättigte Fettsäuren: 3,2 g; Protein: 27 g; Zucker: 0 g; Ballaststoffe: 1,5 g

35 MIN.

Zutaten für 4 Portionen

1 Zwiebel (ca. 50 g)
1 Knoblauchzehe
600 g Mangold
1 Kohlrabi (ca. 300 g)
2 EL Olivenöl
200 ml Gemüsebrühe
500 g Kabeljaufilet
1 Zitrone
100 ml Kochsahne (15 % Fett)
Salz
Pfeffer
1 Bund Dill

1. Zwiebel und Knoblauch schälen und fein hacken.
2. Mangold waschen und putzen. Stiele herausschneiden und würfeln, Blätter in Streifen schneiden. Kohlrabi schälen und würfeln.
3. Olivenöl in einer Pfanne erhitzen. Zwiebel, Knoblauch, Mangoldstiele und Kohlrabiwürfel darin bei mittlerer Hitze 3 Minuten andünsten. Brühe angießen und alles 5 Minuten bei mittlerer Hitze köcheln lassen.
4. Inzwischen den Fisch abspülen und mit Küchenpapier trocken tupfen. Zitrone halbieren, auspressen und etwa die Hälfte davon über den Fisch träufeln.
5. Mangoldblätter unter das gegarte Gemüse mischen. Fisch darauflegen, Kochsahne dazugießen, salzen und pfeffern. Alles zugedeckt etwa 5 Minuten bei mittlerer Hitze dünsten.
6. Inzwischen den Dill waschen, trocken schütteln, die Fähnchen von den Stielen zupfen und fein hacken.
7. Fischpfanne mit restlichem Zitronensaft abschmecken und mit Dill bestreut servieren.

WARUM GESUND

Die Fischpfanne ist reich an Eiweiß, arm an Kalorien – so sieht perfekte Low-Carb-Küche aus! Das Fischfilet sorgt für eine dicke Portion Vitamin D und deckt einen Großteil des täglichen Bedarfs an Jod, das die Schilddrüse zur Hormonproduktion dringend braucht.

NOCH SMARTER

Außerhalb der Saison für Mangold können Sie für dieses Fischpfannen-Gericht auch Blattspinat nehmen. Und statt Kabeljaufilet eignet sich jedes andere Filet von weißem, magerem Seefisch.

GEFÜLLTE PUTENHACKSTEAKS MIT SCHAFSKÄSE

KOHLENHYDRATE 1 g pro Portion

Pro Portion: Kilokalorien: 200; Fett: 10 g; gesättigte Fettsäuren: 2,7 g; Protein: 26 g; Zucker: 0 g; Ballaststoffe: 0,5 g

35 MIN.

Zutaten für 4 Portionen

1 Zwiebel
1 Knoblauchzehe
30 g schwarze Oliven ohne Stein
1 Zweig Thymian
400 g Putenhackfleisch
Salz
Pfeffer
80 g Schafskäse (9 % Fett)
2 EL Olivenöl

1. Zwiebel und Knoblauch schälen und fein würfeln. Oliven grob hacken. Alles in eine Schüssel geben.
2. Thymian abspülen, trocken schütteln, die Blättchen abzupfen und auch in die Schüssel geben.
3. Putenhackfleisch ebenfalls dazugeben, alles salzen und pfeffern. Alle Zutaten mit den Knethaken eines Handmixers zu einem Teig verkneten. Teig in 4 gleich große Portionen teilen.
4. Den Schafskäse in 4 Würfel schneiden. Nacheinander jede Portion Hackfleisch mit angefeuchteten Händen zu einem flachen Fladen formen.
5. Je 1 Schafskäsewürfel in die Mitte des Fladens geben, mit dem überstehenden Teig umschließen und zu flachen Steaks formen.
6. Hacksteaks rundum mit Olivenöl bestreichen und auf eine Aluschale legen. Auf dem heißen Grill etwa 15 Minuten grillen, dabei nach der Hälfte der Garzeit einmal vorsichtig wenden.

WARUM GESUND

Diese Steaks können Sie ruhig öfter mal auf den Tisch bringen! Das magere Geflügelfleisch ist gesünder als rotes Fleisch von Rind, Schwein oder Lamm. Dank Oliven und magerem Käse bleiben in den gefüllten Steaks auch die Fettsäuren in einer gesunden Balance.

ZUSÄTZLICHER TIPP

Sie können die Hacksteaks natürlich ebenso gut in einer Grillpfanne zubereiten!

NOCH SMARTER

Wenn Sie kein Putenhackfleich bekommen, können Sie Putenschnitzel nehmen und diese mit einer Küchenmaschine oder einem scharfen Messer zerkleinern. Übrigens: Schmecken Sie Hackfleisch nicht roh ab, sondern braten Sie lieber erst eine Miniportion an und probieren Sie die.

HÄHNCHENGULASCH MIT FRÜHLINGSZWIEBELN UND INGWER

KOHLENHYDRATE 4 g pro Portion

Pro Portion: Kilokalorien: 98; Fett: 1 g; gesättigte Fettsäuren: 0,3 g; Protein: 17 g; Zucker: 0 g; Ballaststoffe: 0,5 g

40 MIN.

Zutaten für 4 Portionen

1 Stück Ingwerwurzel (ca. 20 g)
1 Knoblauchzehe
2 Bio-Limetten
1 TL Speisestärke
2 EL helle Sojasauce
1 TL Sambal Oelek
300 g Hähnchenbrustfilet
150 ml Hühnerbrühe
2 Frühlingszwiebeln
Salz

1. Ingwer schälen und fein reiben. Knoblauch schälen und sehr fein würfeln.
2. 1 Limette heiß abspülen, trocken reiben und etwa 1 TL Schale fein abreiben. Beide Limetten halbieren und auspressen.
3. Für die Marinade die Speisestärke in einer Schüssel mit 5 EL Limettensaft glatt rühren. Ingwer, Knoblauch, Limettenschale, Sojasauce und ¾ TL Sambal Oelek untermischen.
4. Hähnchenbrustfilet abspülen, mit Küchenpapier trocken tupfen und in 2 cm große Würfel schneiden. Zur Marinade geben, untermischen und zugedeckt im Kühlschrank 20 Minuten ziehen lassen (marinieren).
5. Eine Pfanne mit hohem Rand oder einen Wok erhitzen. Hähnchenstücke mit der Marinade hineingeben. Brühe dazugießen und alles zugedeckt bei kleiner Hitze etwa 10 Minuten garen, dabei gelegentlich wenden.

6. Inzwischen die Frühlingszwiebeln putzen, waschen und in sehr feine Ringe schneiden.
7. Hähnchengulasch leicht salzen, mit dem restlichen Limettensaft und Sambal Oelek abschmecken. Frühlingszwiebeln unterheben und sofort servieren.

GEBACKENES FISCHFILET MIT CHAMPIGNONS

KOHLENHYDRATE 1 g pro Portion

Pro Portion: Kilokalorien: 262; Fett: 12 g; gesättigte Fettsäuren: 1,7 g; Protein: 38 g; Zucker: 0 g; Ballaststoffe: 1,5 g

40 MIN.

Zutaten für 4 Portionen

4 Fischfilets (à ca. 200 g, z. B. Kabeljau)
Salz
Pfeffer
2 Stiele Dill
3 Stiele Oregano
200 g Champignons
2 Tomaten (ca. 120 g)
8 TL Olivenöl

1. Fischfilets unter kaltem Wasser abspülen, trocken tupfen und mit Salz und Pfeffer würzen.
2. Dill und Oregano waschen, trocken schütteln, Blätter abzupfen und hacken.
3. Champignons putzen und in feine Scheiben schneiden. Tomaten waschen, halbieren, entkernen und Fruchtfleisch in kleine Würfel schneiden.
4. Backofen auf 200 °C Ober-/Unterhitze (Umluft 180 °C; Gas: Stufe 3) vorheizen.
5. 4 große Stücke Alufolie auf der Arbeitsplatte bereitlegen und in der Mitte mit je 1 TL Öl einstreichen. Die Fischfilets darauflegen, mit Champignons, Tomatenwürfeln, Oregano und etwas Dill bestreuen, mit je 1 TL Olivenöl beträufeln und mit Salz und Pfeffer würzen. Die Alufolie sorgfältig zu Päckchen verschließen. Päckchen auf den Backofenrost legen und im Ofen 15–20 Minuten garen.

NOCH SMARTER

Das Gericht schmeckt sehr gut mit Meeresfisch wie z. B. Kabeljau, aber auch mit Süßwasserfischen wie Saibling oder Forelle.

KABELJAUFILET MIT SELLERIE-MÖHREN-GEMÜSE

KOHLENHYDRATE 13 g pro Portion

Pro Portion: Kilokalorien: 276; Fett: 9 g; gesättigte Fettsäuren: 1,4 g; Protein: 35 g; Zucker: 0 g; Ballaststoffe: 7,4 g

40 MIN.

Zutaten für 4 Portionen

4 Möhren (ca. 400 g)
1 kleiner Knollensellerie (400 g)
3 EL Olivenöl
Meersalz
Pfeffer
4 Kabeljaufilets (à 180 g)
1 EL Mehl (20 g)
1 EL Anissamen

1. Backofen auf 180 °C Ober-/Unterhitze (Umluft 160 °C; Gas: Stufe 2–3) vorheizen.
2. Möhren und Sellerie putzen, schälen und in Stifte schneiden. In einer Schüssel mit 2 EL Öl mischen, mit Salz und Pfeffer würzen und auf einem mit Backpapier belegten Blech verteilen. Im Ofen in 20 Minuten goldbraun backen, dabei ab und zu wenden.
3. Inzwischen Kabeljaufilets unter kaltem Wasser abspülen und trocken tupfen. Mit Salz und Pfeffer würzen und mit Mehl bestäuben.
4. Restliches Öl in einer Pfanne erhitzen. Kabeljau darin auf der Hautseite bei starker Hitze in 2–3 Minuten goldbraun braten, dann wenden und auf der Fleischseite bei mittlerer Hitze in 2–3 Minuten gar braten.

5. Anissamen in eine zweite Pfanne ohne Öl geben und heiß werden lassen, bis sie duften.
6. Gemüse auf 4 Teller verteilen, Kabeljaufilets darauflegen und mit Anissamen bestreuen.

GEBRATENES HÄHNCHEN MIT MANDEL-BROKKOLI

KOHLENHYDRATE 4 g pro Portion

Pro Portion: Kilokalorien: 270; Fett: 11 g; gesättigte Fettsäuren: 2,6 g; Protein: 38 g; Zucker: 0 g; Ballaststoffe: 3,7 g

40 MIN.

Zutaten für 4 Portionen

400 g Brokkoliröschen
Salz
2 Zweige Rosmarin
2 Stiele Salbei
4 Hähnchenbrustfilets (à 140 g)
Pfeffer
2 EL Olivenöl
2 TL Butter (10 g)
2 EL Zitronensaft
1 Knoblauchzehe
2 EL gehobelte Mandeln (20 g)

1. Brokkoliröschen waschen und in einem Topf mit kochendem Salzwasser in ca. 4 Minuten bissfest garen. Dann in ein Sieb abgießen, mit kaltem Wasser abschrecken und abtropfen lassen.
2. Inzwischen Kräuter waschen, trocken schütteln und hacken.
3. Hähnchenbrustfilets unter kaltem Wasser abspülen, trocken tupfen, waagerecht einschneiden und auseinanderklappen. Mit Salz und Pfeffer würzen.
4. Öl in einer Pfanne erhitzen. Hähnchenfilets darin bei mittlerer Hitze von jeder Seite 2–3 Minuten braten. Vom Herd nehmen, 1 TL Butter und Kräuter in die Pfanne geben, schwenken und einige Minuten ziehen lassen. Mit Salz, Pfeffer und Zitronensaft abschmecken.

5. Inzwischen Knoblauch schälen und fein hacken. Restliche Butter in einer weiteren Pfanne erhitzen. Knoblauch und Mandeln darin bei mittlerer Hitze goldbraun braten. Brokkoli dazugeben und mit Salz und Pfeffer würzen. Mit den Hähnchenfilets zusammen auf 4 Tellern anrichten.

ITALIENISCHES PUTENSCHNITZEL MIT TOMATEN-MOZZARELLA-FÜLLUNG

KOHLENHYDRATE 2 g pro Portion

Pro Portion: Kilokalorien: 331; Fett: 12 g; gesättigte Fettsäuren: 3,8 g; Protein: 51 g; Zucker: 1 g; Ballaststoffe: 0,5 g

45 MIN.

Zutaten für 4 Portionen

125 g Mozzarella (9 % Fett)
2 Tomaten (ca. 150 g)
2 Stiele Basilikum
3 EL Olivenöl
4 Putenschnitzel (ca. 1 ½ cm dick, à 200 g)
Salz
Pfeffer
2 EL Balsamico-Creme

1. Mozzarella gut abtropfen lassen und in kleine Würfel schneiden.
2. Tomaten waschen, die Stielansätze und die Kerne entfernen, das Fruchtfleisch fein würfeln.
3. Basilikum waschen, trocken schütteln und in Streifen schneiden.
4. Tomaten, Mozzarella und Basilikum mit 1 EL Olivenöl in einer kleinen Schüssel mischen und mit Salz und Pfeffer herzhaft würzen.
5. In die Putenschnitzel mit einem spitzen Messer je eine Tasche schneiden.
6. Tomaten-Mozzarella-Mischung in die Putenschnitzel füllen und die Öffnung mit kleinen Holzspießen zustecken.
7. Das Fleisch mit dem restlichen Öl bestreichen und mit Salz und Pfeffer würzen.
8. Fleisch in eine Grillschale legen und auf dem heißen Grill etwa 8–10 Minuten von jeder Seite grillen. Vor dem Servieren mit Balsamico-Creme beträufeln.

WARUM GESUND

Putenschnitzel allein punkten schon mit hochwertigem Eiweiß. Mit der Füllung aus magerem Käse, Olivenöl und Tomaten liefert jede Portion außerdem reichlich Vitamine und Spurenelemente wie Niacin, Vitamin B6, Biotin und Zink.

NOCH SMARTER

Zu den italienischen Aromen passt besonders gut ein grüner Salat mit nussig-herzhaftem Rucola, bunten Paprikaschoten oder einigen Champignons.

THUNFISCH-CARPACCIO MIT AVOCADOCREME UND SESAM

KOHLENHYDRATE 3 g pro Portion

Pro Portion: Kilokalorien: 306; Fett: 19 g; gesättigte Fettsäuren: 3,9 g; Protein: 30 g; Zucker: 0 g; Ballaststoffe: 2 g

45 MIN.

Zutaten für 4 Portionen

- 450 g absolut frisches Thunfischfilet (Sushi- oder Bio-Qualität)
- 1 reife Avocado
- 1 Zitrone
- 150 g Joghurt (0,3 % Fett)
- 2 EL Sojasauce
- Salz
- Pfeffer
- Tabasco
- 2 TL Sesam
- 1 EL Sesamöl
- 1 EL Thai-Fischsauce
- 2 Beete Shisokresse oder Gartenkresse

1. Thunfischfilet für 20 Minuten in das Gefrierfach legen. Inzwischen Avocado halbieren, Stein entfernen und das Fruchtfleisch aus der Schale lösen. Zitrone auspressen.
2. Avocado mit Joghurt, Sojasauce, etwas Zitronensaft (nach Geschmack), Salz und Pfeffer pürieren, mit einigen Spritzern Tabasco abschmecken.
3. Sesam in einem Mörser leicht zerdrücken und in einer Schüssel mit dem Sesamöl verrühren.
4. Thunfisch in sehr dünne Scheiben schneiden und auf Teller legen.
5. 2 EL Zitronensaft, Fischsauce, etwas Salz und Pfeffer zum Sesamöl geben und verrühren. Sauce über den Fischscheiben verteilen.
6. Die Joghurtcreme in kleinen Nocken auf den Fisch legen. Shisokresse vom Beet schneiden und darüberstreuen.

WARUM GESUND

Die Kombination aus Avocado und frischem Thunfisch lässt die Herzen höherschlagen – im wahrsten Sinne, denn die herzgesunde Fettsäurenzusammensetzung des kulinarischen Duos ist beeindruckend. Beide Lebensmittel stecken voller einfach ungesättigter Fettsäuren, die das »gute« HDL-Cholesterin im Blut nach oben treiben. Thunfisch trägt zudem noch viele Omega-3-Fettsäuren bei, die den Triglyceridspiegel im Lot halten.

NOCH SMARTER

Frische ist bei diesem Rezept das A und O. Bestellen Sie daher am besten vor: den Thunfisch in Sushi-Qualität bei Ihrem Fischhändler und bei Ihrem Gemüsehändler eine vollreife Avocado.

GEFÜLLTE LACHSFORELLEN-FILETS MIT TOMATEN UND RUCOLA

KOHLENHYDR. 6 g pro Portion

Pro Portion: Kilokalorien: 345; Fett: 9 g; gesättigte Fettsäuren: 2,2 g; Protein: 56 g; Zucker: 0 g; Ballaststoffe: 1 g

45 MIN.

Zutaten für 4 Portionen

- 50 g getrocknete Tomaten (ohne Öl)
- 2 große Lachsforellenfilets (mit Haut; à 450 g)
- Salz
- Pfeffer
- 2 EL körniger Senf
- 2 Bio-Limetten
- 1 Bund Rucola
- 3 Stiele Basilikum
- 1 EL Olivenöl

1. Tomaten in eine kleine Schüssel geben, mit heißem Wasser bedecken und 10 Minuten einweichen. Anschließend in einem Sieb abtropfen lassen, gut ausdrücken und grob hacken.
2. Während die Tomaten einweichen, die Fischfilets waschen und mit Küchenpapier trocken tupfen. Auf den Fleischseiten mit Salz und Pfeffer würzen und dünn mit Senf bestreichen.
3. Backofen auf 200 °C Ober-/Unterhitze (Umluft 180 °C, Gas: Stufe 3) vorheizen.
4. Limetten heiß abwaschen, trocken reiben und in dünne Scheiben schneiden.
5. Rucola verlesen, waschen und trocken schleudern. Basilikum waschen, trocken schütteln, Blätter abzupfen. Rucola und Basilikum mit einem großen Messer grob hacken und in eine Schüssel geben.
6. Tomaten und Olivenöl dazugeben und alles gut mischen. Die Fleischseiten der Lachsforellenfilets damit bestreichen.
7. Die Filets vorsichtig mit den Fleischseiten aufeinanderlegen und mit Küchengarn locker zusammenbinden.
8. Die Hälfte der Limettenscheiben in einer Auflaufform verteilen. Fisch daraufgeben, mit den restlichen Limettenscheiben belegen und im Ofen 15–20 Minuten garen.

WARUM GESUND

Genial: Das Filet enthält zwar eine gute Portion wertvoller ungesättigter Fettsäuren, bleibt aber dank der Zubereitungsart ausgesprochen fettarm. Zusätzlich sorgt die köstliche Kräuterfüllung für viel Geschmack, ohne das Kalorienkonto zu belasten.

NOCH SMARTER

Das feine »Fischpaket« lässt sich auch prima auf dem Grill zubereiten: Geben Sie es dafür in ein in der Größe passendes spezielles Fischgitter oder legen Sie es einfach in eine Alu-Grillschale.

GEBRATENER TOFU MIT GEMISCHTEM GEMÜSE

KOHLENHYDR. 18 g pro Portion

Pro Portion: Kilokalorien: 350; Fett: 18 g; gesättigte Fettsäuren: 3,1 g; Protein: 30 g; Zucker: 0 g; Ballaststoffe: 10,8 g

45 MIN.

Zutaten für 4 Portionen

500 g Räuchertofu
1 Zucchini (ca. 200 g)
200 g Mungobohnensprossen
150 g Zuckerschoten
Salz
250 g China- oder Weißkohl
2 rote Paprikaschoten (ca. 400 g)
3–4 Stiele Koriandergrün
2 EL Erdnussöl
2 EL ungesalzene Erdnüsse (30 g)
Pfeffer
3 EL helle Sojasauce

1. Tofu in mundgerechte Würfel schneiden. Zucchini waschen, putzen, längs halbieren, Kerne entfernen, Fruchtfleisch in dünne Scheiben schneiden.
2. Sprossen heiß abspülen und in einem Sieb abtropfen lassen. Zuckerschoten waschen, putzen und in einem Topf mit kochendem Salzwasser 2 Minuten blanchieren. In ein Sieb abgießen, mit kaltem Wasser abschrecken und gut abtropfen lassen.
3. Kohl waschen, putzen, in mundgerechte Stücke schneiden. Paprika waschen, halbieren, entkernen, in schmale Streifen schneiden. Koriander waschen, trocken schütteln, Blätter abzupfen.
4. Öl in einem Wok erhitzen. Erdnüsse darin bei mittlerer Hitze goldbraun braten. Herausnehmen, beiseitestellen. Tofuwürfel in das Bratfett geben, unter Wenden goldbraun anbraten, salzen, pfeffern, herausnehmen.
5. Gemüse in den Wok geben. Unter Wenden 5–7 Minuten anbraten. Tofu und Erdnüsse zugeben, mit Sojasauce und Pfeffer würzen.
6. Die Tofu-Gemüse-Mischung auf 4 Schälchen verteilen und mit Koriander bestreuen.

SCHWEINEFILET MIT GEMÜSE

KOHLENHYDRA… 7 g pro Portion

Pro Portion: Kilokalorien: 250; Fett: 11 g; gesättigte Fettsäuren: 4,9 g; Protein: 28 g; Zucker: 0 g; Ballaststoffe: 2,8 g

45 MIN.

Zutaten für 4 Portionen

2 Zucchini (ca. 300 g)
1 Aubergine (ca. 300 g)
5 Tomaten (ca. 400 g)
2 rote Zwiebeln
3 Knoblauchzehen
3 Zweige Thymian
3–4 Stiele Basilikum
1 EL Olivenöl
1 TL Butter
400 g Schweinefilet
Salz
Pfeffer
1 Stück Parmesankäse (40 g)

1. Backofen auf 200 °C Ober-/Unterhitze (Umluft 180 °C; Gas: Stufe 3) vorheizen.
2. Zucchini und Aubergine putzen, waschen und in Würfel schneiden. Tomaten waschen, achteln, dabei Stielansätze entfernen. Zwiebeln schälen und achteln. Knoblauch schälen und fein würfeln. Thymian und Basilikum waschen, trocken schütteln, Blättchen fein hacken. Gemüse und Kräuter in einer Schüssel gut mischen.
3. Einen Bräter mit 1 TL Olivenöl auspinseln und Gemüse-Kräuter-Mischung hineingeben. Mit restlichem Olivenöl beträufeln und Gemüse im Ofen 15 Minuten garen.
4. Inzwischen Butter in einer Pfanne erhitzen. Schweinefilet in 2–3 cm dicke Scheiben schneiden, mit Salz und Pfeffer würzen und in der Pfanne bei starker Hitze von allen Seiten rasch goldbraun anbraten.
5. Gemüse durchmischen, Fleisch daraufsetzen, Parmesan darüberreiben und alles im Ofen 10–15 Minuten fertig garen.

SCHWEINEFILETWICKEL MIT ZUCCHINI UND AUBERGINE

KOHLENHYDRATE 5 g pro Portion

Pro Portion: Kilokalorien: 382; Fett: 29 g; gesättigte Fettsäuren: 9,4 g; Protein: 27 g; Zucker: 0 g; Ballaststoffe: 2,4 g

45 MIN.

Zutaten für 4 Portionen

1 Aubergine
1 Zucchini
400 g Schweinefilet
2 getrocknete Chilischoten
4 EL Olivenöl
Salz
Pfeffer
100 g Bacon (in Scheiben)
2 Stiele Salbei

1. Aubergine und Zucchini waschen, putzen und in ½ cm dicke Scheiben schneiden.
2. Schweinefilet unter kaltem Wasser abspülen, trocken tupfen und in 1 cm dicke Scheiben schneiden.
3. Chilischoten in einem Mörser zerdrücken und mit Öl, Salz und Pfeffer zu einer Marinade verrühren.
4. Aus je 1 Zucchini- und Auberginenscheibe sowie 1 Schweinefleischscheibe kleine Türmchen bauen. Mit Marinade bestreichen und mit Bacon umwickeln.
5. Päckchen auf dem heißen Grill 10–15 Minuten von allen Seiten grillen.
6. Inzwischen Salbei waschen, trocken schütteln und Blätter abzupfen. Päckchen vor dem Servieren damit bestreuen.